我是你的觀護人

凝視犯罪深淵，
看見穿透人性裂隙的微光

唐珮玲——著

【目錄】

推薦序

司法文書裡讀到的起訴書或判決書，看到的只是犯罪事實、構成要件及證據的探討。但除此之外，被告的人生故事幾乎不會出現這些文書裡，其實多數的被告就只是一個普通人，一個擁有多元面向的一般人，是某個人家的父、或子、或夫或所愛之人，只是，他也犯了罪。

職業的關係，為此序文，不免還是由身為檢察官的角色出發。刑事司法系統裡的每一個職務，都是以追求正義為目標。要達到正義這個目標，可以培養檢察官翔實調查、充份準備的職能，但同樣重要的是，檢察官必須擁有不帶偏見、心靈強韌、臨場反應、越挫越勇地面對真實世界的能力，但這種能力卻不容易培養出來。畢竟在犯罪領域，地下社會的是與非、黑與白，一點也不像教科書裡說得那樣簡單，無人有標準答案，考試也測不出訊問當事人真相的能力。

對司法工作者來說，除了經驗與持續的學習，那可說是一門藝術、甚至是一種天賦，讓立場對立的人願意掏心挖肺般地信任，道出許多不為人知的秘密，讓這些一般人懼怕或厭惡的「犯罪人」改變，甚至扭轉他一生所遵循的價值觀。這無疑是在眾人看不見的地方，真切實踐了我們所希望追求的正義！檢察官起訴案件，猶如在為被害人發聲，或許能獲得肯定，但本書的作者讓我們看見了在角落一直默默地這麼做的——觀護人。

儘管社會大眾對司法有高度的期待，但其實我必須坦誠以告，法律不能解決社會上所有的問題，也無法改善當事人的困境，終究，只有「人」才能治癒人心。細膩、深入的了解，才能像作者那樣發現一直被忽略的「阿喜」，其實有智能障礙和令人不捨的家暴受虐史；而越是深入，越會面臨價值的選擇，挑戰道德的界線。例如，當「老賊」要送雞血石與國畫時該怎麼拒絕？「一門英烈」女友懷了別人的小孩，身為觀護人，應該如何看待？「小花」性交易，要用什麼心態面對？

真實世界沒有簡單的答案，不像課本一律說「不」就解決，更沒有明確的標準線畫在什麼地方，甚至沒有檢察官黑白分明的起訴／不起訴、法官判決的有罪／無罪二分法，因此，身為一個觀護人應該怎麼做、做到什麼程度，無疑是受困於人世間的禪問。面對左右為難之時，作者用詼諧的筆法道出心碎的故事，使我不禁思索，國家制度是否做得不夠多？或是太多？還是做錯方向？這些想要重生的更生人，究竟要用什麼樣的救生索，才能脫離犯罪的漩渦？

司法制度不像財富投資，可以計算投報率，可以判斷賺或賠。作者推他一把，才讓「阿土」多年後向恩重如山的老教官感謝了師恩，這種令胸口充滿了炙熱的感動，該如何計算？然而，終究也有「小凱」「大眼妹」等背負著沉重過去而無法破繭重生的悲傷，或者如同「桃樂絲」那隨波逐流的生命，在在使人感到無能為力。這些時間成本和無數看不見的精力心血，只有上天才知道有無回收的可能。

又好比說，若非作者給了原本不抱期待的「阿良」一個寶貴的機會，才讓阿良在無意間回饋了寶貴的情蒐，如果作者繼續用輕視的態度、重視時間成本、應付交差似的完成工作，那麼「阿良」最終也只是繼續不良罷了。我想，能真正將面前的更生者視為一個完整的人，尊重、包容、卻也嚴守法律的界線，不惜辛勞，這股執著的傻勁，或許才是最值得的。

書中其實有很多位受保護管束人是以撤銷假釋結案的，例如「丁蘭」、「阿土」、「小花」、「一門英烈」、「小凱」、「大眼妹」等，感覺好像在作者這一股期滿畢業的比例還滿低的。但其實，我不認為撤銷假釋就代表輔導失敗，或許只是此時此刻，他們還沒有想通而已。過世的「黃絲帶」與罹癌即將不久人世的「老賊」，生命走到了盡頭，也絕非什麼都沒有留下。我相信，在他們與家人的記憶中，至少有個人、有這麼一個觀護人，用真誠的心意，陪他走過了這段路。透過作者的眼和作者的筆，也讓讀者如我，經歷了他們這段崎嶇坎坷的人生路。

這本書適合三種人閱讀。第一，這是一本適合檢察官的書。這些個案的生命故事，讓背負民眾期待的檢察官能更深入、更廣泛地了解被害人與被告，挖掘真相、實踐正義，做出更細緻更有效的處分。第二，這也是一本適合所有助人工作者的書。無論是觀護人、社工、心理師或是警察，這個社會不僅需要他們在工作領域的熱心熱血，更期望這些助人工作者能扶助弱勢的個案自立自強，而不要讓他們變成系統中永遠淪落在底層的那一群。最後，這更是一本適合一般大眾閱讀的書。因為人性難懂，要了解一個人很難；要改變一個人更難；要改變一個自己都不了解自己、也不想改變自己的人，更是難上加難！而這卻是作者的日課。

作者原本是個傑出的記者，勇於挖掘社會上的不公義事件，改行後仍不改其志，對於每個她所負責的個案，仍如記者般去尋找事件真實的面向，再予以輔導。作者誠實甚至殘酷地道盡了事實，人生的道路就是如此崎嶇而艱辛，但也充滿了驚奇、驚懼與驚喜。如果，你想了解人性，這本書是很適合的選擇。

——本文作者為最高檢察署檢察總長　江惠民

前言——隱形的天平

真實發生過的事，真實存在過的人，他們的生命與我的時空交叉、糾纏、紛擾，爾後又分散，在我腦海裡留下深刻的記憶，而有些，則在我心底烙印了傷痕。

我相信讀者們一定很想知道書裡提到的二十一位「同學」是誰？他們在哪裡？然而這個職業的行規是，我絕不會、也不能、更不願揭露他們的身分。我肩負起管束他們的責任，同樣的，也有保護他們的義務。但是，我必須坦誠地說，這不只是二十一位受保護管束人的故事，而是許多受保護管束人曾發生過的事，所以情節是真，人名是假。他們在書裡的名字全是化名，與他們真實姓名毫無相關。

讀者或許聽過或看過類似情節，或者身邊的朋友經歷過某些相近的事件，但請不要貿然下定論，認為那就是我認識的某人。因為這十餘年來，坐在我面前的受保護管束人，至少超過千人。人生如戲，戲如人生，他們的人生卻永遠比戲劇還精彩。老實說，若是沒有親耳聽到這些人事物，讓我只靠幻想，我作夢也想像不出這些匪夷所思的劇情。但他們卻總是或多或少遇到類似的生命際遇，只不過，他們彼此無法互相傾吐，卻選擇告訴了我。

從民國八十八年正式踏入職場成為社會人，我的工作沒有一天不跟人接觸。那時最主要的工作，是從一個菜鳥學會觀察人、判斷人、在最短的時間裡處理人的問題。有時候面對的是驕傲的自大狂，有時候是充滿敵意的陌生人，有時候是挫折感爆棚的宅魯蛇，有時候是自我膨脹的反社會人格。他們想要利用我，而我也想利用他們，卻必須維持一種表面合作夥伴的關係。

等我轉換跑道之後，一開始非常不能適應新生活。不只我自己無法適應，以往的朋友們老是在問：觀護人是做什麼的？甚至親戚長輩還偷偷來問我爸媽，我做這種工作有薪水嗎？做這種志工，能活得下去嗎？但是半年之後，我漸漸發現，其實我的工作仍然是在最短的時間內處理人的問題！這兩個工作的差別在於互動的人換了一批，從穿襯衫打領帶的，換成一般人看了會害怕的那種，身上很多刺青、出口成「髒」、經常穿著夾腳拖跟吊嘎，又在監獄裡關過。

漸漸的，我發現到觀護人工作的本質，其實是忽略一個人的外表，專注去了解他內心最深處的那個天平，無論他是穿西裝或者穿吊嘎。個案的心中對善惡也有屬於自己的天平，即使不能見容於社會，但那也是屬於他獨一無二最重要的價值天平。地檢的標誌是天平，法院也是，整個司法系統衡量他的行為，決定該給他什麼樣的處分，需要坐多久的牢。所以，當他們坐在我面前的時候，天平早就已經是傾斜的了。這個人是有罪的、是壞掉的、是邪惡的，而個案會用那把失去重心的天平來衡量得失，決定要不要再走回犯罪的路上。

我常常看見一個活生生的人在我面前一而再、再而三地選擇毀滅，選擇慢性自殺，選擇家破人亡，他逃避或抗拒所有法律與非法律的幫助，認為這些都只是約束。我唯一能做的最後努力，只是讓他恨我、讓他關得久一點、讓他慢一點走向滅亡而已！這實在不是一個愉快的工作。

但是每當我最絕望的時候，不知為何，總是會出現幾個把天平校正過來的受保護管束人，他們的所作所為比社會定義的好人來得更善良、更純真。當我被他們的溫暖所感動，他們卻告訴我，那是因為我就像一個隱形的砝碼，壓在好的那一邊。遇到引誘的時候，他們先往我這頭看看，那麼要做出正確的選擇，似乎就變得更容易了一些。我總覺得，這些事件的當下，很難說到底是誰療癒了誰多一點。

觀護人這個工作，對社會一般大眾是隱形的，其實就算對整個司法系統來說，也是看不見的。絕大多數的檢察官、法官、書記官等系統主流人員，都不是很清楚觀護人真正的工作在做些什麼。我自覺是個司法體系的邊緣人，去照顧社會體制的邊緣人，理所當然不容易被看見。但現在，你看見了，謝謝你的「看見」！謝謝你看見了我的文字，謝謝你看見了我書中的他們。你的「看見」是一扇希望的窗，在黝黑的世界透露出一點光芒。

01 沒聽過這個工作的人

你應該沒聽過這種工作，叫「觀護人」。

有各種各樣叫錯的版本，以及天差地遠的誤會。這個工作常被叫成「監護人」，不是！監護人是你爸爸媽媽，不是我。有時被當作是社工、被當作戶政事務所，或是被當作是社會局人員。錯得最接近的是以為，把壞少年送來給我管教就會變好，不是，那是少年調查官跟少年保護官的工作，我可從來不管小孩的。

「觀護人」是地檢署工作的司法人員，職等比檢察官小，做的工作跟書記官完全不一樣。我們稱呼每天要面對的對象為「個案」，他們是「受保護管束人」[1]。他們會來地檢署向我們報到，來的時候通常腳穿拖鞋、口嚼檳榔、身穿吊嘎，大概有百分之六十到七十的人，就算穿著衣服，身上也會露出明顯的刺青，通常是刺了標準花樣如龍頭、老虎、鬼頭、錦鯉跟神明等，常常是全背、半甲、小腿。而如果脫掉衣服，那你可能會發現高達九成的人身上都有刺青。我還很熟悉刺青的花樣選擇會隨著年齡和時代而改變，從刺青圖案的樣式跟位置，我可以準確告訴你這個人的幫派背景涉入有多深，常常還知道誰有入珠。

跟一般正常人想像中的法院或地檢署的工作不一樣，除了在地檢署辦公室跟這些個案面對面的會談，我還會去到他們的住處，去到他們工作的地方，去到各種奇奇怪怪的地方，看見各種稀奇古怪的狀況。我訪查的工作地點包括魚塭、鴨寮、豬圈、稻田、番茄園、蜜棗棚、鐵工廠、菜市場和小吃店，這裡我指的是正正經經吃飯的小吃店；但當然也包括那些我不敢踏進去的小吃部跟按摩坊，那些時候，我只好站在門口講話。

有時候，個案的住處隱身在荒郊野外、連導航Google都找不到的地方，問鄰居都不知道個案是誰（因為關在監獄太多年了，大家不太認得他），只好換個方式，問起個案爸爸的名字，才找得到這個個案的家。有時候個案家外面就是賭場，或者，個案家裡飄散出奇怪的臭味……有時候，從巷口就出現一臉橫肉的人，粗野兇狠的問你「來叢啥?!」雖然心裡嚇得屁滾尿流，卻還是得假裝鎮定且嚴肅的說：「我是某某某的老師」，順口還要堅定且正氣凜然的反問：「請問你是他家裡的什麼人？」

為了不讓受保護管束人被標籤化，再加上「觀護人」這個法定職稱實在是太沒有知名度，個案們往往唸得不清不楚或講得亂七八糟，所以我通常被他們稱為「老師」；而且可能因為在南部工作得比較久，我更習慣他們用台灣國語稱我「老蘇」。雖然我是老師，但是做了這個工作之後，我才知道關於這個世界與社會，我有許多無知。

一般人對於養殖漁業的了解，多半都是只有經過、看過魚池，知道裡面很多是在養虱目魚，這已經達到六十分水準了。但是我的學生們教我的是：虱目魚要跟白蝦一起混養。再難一點的還有：烏魚應該要養殖兩到三年才能夠收成，而且烏魚池和虱目

1　依刑法第九十二條規定有關之保安處分，按其情形得以保護管束代之。依刑法第九十三條第一項規定：「受緩刑之宣告者，在緩刑期內得付保護管束」。同條第二項規定：「假釋出獄者，在假釋中付保護管束」。

魚池從表面上就能夠看得出來差異，因為烏魚是沉水性，而虱目魚是浮水性的魚種。最高難度的是：如何用鯉魚的腦子讓石斑魚變性！當我每次上市場，看見梨子的時候，我就會想起個案教給我的嫁接技術：用一株早就沒有在生產的粗皮梨子當作母株，東西南北配合日照嫁接細皮梨子、高接梨、雪梨、豐水梨、新興梨。幸好梨子沒有自我認知，要不然它真的不知道自己是誰了……。

不過認真說起來，我的工作最重要的專業知能，可能是了解各種地下社會的黑話與黑話背後的真意，以及各種各樣的犯罪手法。因為唯有了解變態，才能夠控制變態；儘管你不想認同他，卻必須認真傾聽他所說的每一句話，你才真正明白什麼事情能夠改變他！

江湖社會有自己的一套邏輯，儘管不同於陽光下的社會，卻自然而然能夠運作。好比說，一個開鎖大盜曾仔細告訴我，如何選擇標的、如何勘查地形、如何進入住宅、如何完成任務、如何躲過警察。但最重要的都不是這些，「如何銷贓」才是一個盜賊真正成功的秘訣。

一個已經金盆洗手的大哥曾經告訴我，他當年國中輟學後，是怎樣從一個賭場門口的看門小弟，混到後來呼風喚雨的地位。他說，你得眼色巧、手腳勤，幫賭場把風，腦袋要清楚明白，上下班時間絕對不能遲到早退，老大交代的事情，絕對要處理的妥妥貼貼。你會先被交代去跑腿，然後去送包裹，過程中該問的跟不該問的，如果分不清楚就不用再混下去了。接下來，你會被分配一個檳榔攤，看你有沒有本事把生意做起來。如果混得可以，接著就會給你一個「小吃部」試著做看看。如果黑白兩道也能擺平，慢慢地，你就升格了。必要的時候砍殺斷腿、刀光火影是免不了的過程，假如吃不了苦或受不了火拼的痛，就早早回家吃自己吧！哪像現在年輕人這麼吃不了苦……。這種似曾相識的抱怨對話聽多了，不禁覺得把賭場換成企業，那些老大好像跟一般公司主管也沒什麼兩樣嘛！

我的學生裡女生不多，但八大行業的比例卻多到不能再多。如果以為她們躺著就能賺錢，那實在是對八大行業女性的專業嚴重的侮辱。她們其實是一群生命力強韌的野花，美麗堅強而又悲傷，常常生存在可怕的毒品懸崖上。

八大行業出道都必須很早，十幾歲就開始在酒店當小姐，手腕好一點的成了酒國名花，更好一點的，攀上枝頭當大哥女人就算鳳凰了。萬一沒辦法趕在此時「上岸」，一夜如三夜過，一年當五年過，年華老去隨風吹，老的比一般女性快很多。接下來，就只好往澎湖金門馬祖的離島去討生活，再下來，就流浪到小吃部去服務阿伯們，很快就會變成站壁的「老小姐」。

她們的愛情很多時候像海市蜃樓，但現實是她們生下了父不詳的孩子，必須獨力扶養而難以教育。如果她們的眼淚匯流成河，必定能夠航行到遠洋，但她們卻永遠受困懸崖與沙漠的彼方。

我最不想聽卻又不得不聽、而且聽了之後還要反覆思索的約談對話，是性侵犯。判決書上的白紙黑字，其實都是被害人午夜夢迴椎心刺骨的痛苦。那不是白紙黑字，而是鮮紅的血與淚水，有時看著看著都會產生替代性創傷。但基於工作需求，我必須問得更詳細，甚至希望知道這些個案在強姦強盜砍殺被害人的當時，到底在想些什麼？我常常聽到各種匪夷所思的藉口，以及反社會人格的卑劣操弄和推卸責任，當我越不明白他為什麼可以做出這麼沒有人性的行為，我越是必須一而再、再而三地旁敲側擊去了解他，因為唯有理解他病態的思想，才有機會反過來控制他。

我聽過太多不堪的故事，更看過許多謊言在我面前積極努力的表演著。有時是人魔就光明正大坐在我面前，有時是為了逃避壓力而做出的小小粉飾之舉，我只能假裝平靜的看著他們，輕輕點頭、偶爾寫字、有時微笑、不時皺眉，該如何從他們努力掩飾的外表下知道事情的真相？可能我有一雙惡魔的耳朵，可以聽見他們心底邪惡的絮語。

但是，也有很多時候，就像在砂礫裡淘金，我看見了誠實散發著珍貴的光芒，那時無論多麼痛多麼苦多麼累，我都會伸出手去拉他一把。偶爾，這些人會因此淬煉自己，讓他的人性發光，然後慢慢走進陽光之下，就隱身在你我之間，看起來跟我們一模一樣。

若問我觀護人到底在做什麼工作？我自己的解釋是：

「觀」察個案真實樣態。以守「護」社會的安全。保障身為「人」的尊嚴。

所以，我得用嚴格的法律條文與社會律法管束個案；同時也用心力所及最深的關懷，鼓舞他們的脆弱，冀望或許有朝一日能拼湊起他們破碎的生命。這十餘年來，我親眼看見太多黑暗，也體認到人類在死神與法律前是如此的卑微；與此同時，我也有幸因為這個工作，看見了超越死生、穿透牢獄的光輝，看見了這無以名狀的美。那些美，常常都是外表樸實、甚至粗陋的個案與他的家人，挖空了腦袋或口袋，用貧瘠的話語或資源，燃盡自己的生命而奉獻的光芒。

最讓我不捨的畫面，總是個案傳統而純樸的老父老母，站在土角厝或鄉下透天換厝前面，眼角淚光閃爍，一邊不知所措地扭絞著手，一邊喃喃如念經般重複著「謝謝老師、謝謝老師」，一邊對我低頭行禮，在我車已開遠的後照鏡上，仍然深深地鞠躬……。做了這行之後，我再也不愛看偶像劇，更不想看連續劇，因為無論好的壞的，我都親眼見證了。

02 龍困灣岸與貓戲

【犯罪類型：殺人】

快要一八〇公分的大塊頭，方方的臉有棱有角，短短的五分頭，黑黑的皮膚，薄薄的嘴唇緊緊抿著。不是像館長那樣練得全身是肌肉，但你看得出來，他絕不是什麼好惹的人物。案由是很普通的殺人案，這對我來說見怪不怪，但他的例子很特殊——海上喋血。

這個個案是船上的大副。海港長大的小孩，路都還不太會走就會游泳了，日常生活不是釣魚就是宰魚吃魚。十幾歲開始跑船，書讀得不好，但是討海人的能力很強，一路從小漁工做到大副。他畢生的經驗就是討海，大海是他的公司，陸地只是休息站。被害人是同一條船上的漁工，我問大副到底發生了什麼事，他只簡單回答我：

「原本就有爭執，但他太超過了，所以就出事了。」

雖然講的跟判決書寫的大意接近，但我仍然無法從他的回答中拼湊出當時的樣貌。我想像不出事情到底是怎麼發生的，讀不出他臉上被海風割裂的線條代表什麼意涵，我實在無法滿足於這種過度簡單地回答。但是，不管我怎麼旁敲側擊或者正面詢問，大副薄薄的嘴唇裡吐出來的句子，來來去去就是這幾個字，既沒有不耐煩，也沒有不禮貌。多年來的訓練讓我可以從很短的時間去跟一個完全陌生的人深談，但是，我根本不了解大副在想些什麼！

大副樣樣都配合，事事守規矩，甚至時時都保持禮貌。但是，不管我的問題有多複雜，他一律用單詞回答：

「是。」

「好。」

「明白。」

「了解。」

「好。是。」

「老師再見。」

唯一一次主動講了一小串的話，是他想再上船去討海，因為遠洋漁船上的大副人才奇貨可居，他從監獄回來的消息很快從漁港傳開，前幾任的老東家都來找他。即使是海上喋血案件發生的那個船東，也希望他繼續回去跑船，可見的大副的專業能力受人肯定。但是，遠洋漁船一上船就是三年五年，徹徹底底違反了「保安處分執行法」[2]。

按規定，就算是短期在港口作業也需要申請，我怎麼可能讓他航海四方到巴拿馬等地去捕鮪魚，然後三年才回來呢？想也知道，如果這樣，我肯定會被檢察官當成延繩釣上勾的鮪魚一樣，用電擊器電得很慘……。我向大副解釋，這是不可能的。他輕輕搖了搖方方的腦袋，很無奈吐出較長的一句話：「我從來沒有在陸地上生活過……老師，我不討海，根本不知道要做什麼工作？」他嘆了一口長氣，我也是。

2 保安處分執行法第七四條之二第五款「非經執行保護管束者許可，不得離開受保護管束地；離開在十日以上時，應經檢察官核准」之規定。原則上禁止出境、出海、出國，若有短期出國申請需特殊核可。

所幸碼頭的船隻進港都需要檢修，大副的經驗仍然派得上用場，他總算勉強找到了工作，負責敲敲打打修理船隻的零件。即使薪水跟之前相差了十萬八千里，但不管生活是好是壞，他的報到還是一樣非常穩定，態度仍然很有禮貌，回答一樣用單詞，簡直就是句點王。

我不知道大副這艘孤獨的船隻要開到哪一個遠洋，既然沒有雷達，那不如到碼頭去打聽消息吧！八月下午的一個艷陽天，海風吹來又濕又熱又黏，他家地址明明就在碼頭後方那一區被海風吹蝕鐵門的簡陋公寓群裡，我找了半天，卻還是找不到他家在哪，掉漆脫色甚至殘缺不全的不連號門牌，簡直是觀護人與郵差的共同敵人！

我想找人問路，但這附近都沒有商店。而且不知道為什麼，一片靜悄悄的，連人類活動的痕跡都沒有。或許是大家都還在睡午覺還沒醒來？還是紡錘公主被刺之後，城堡裡所有人都被仙女施了魔法沉睡了？我躲在一個樹蔭下拿出手帕擦汗，像野狗一樣把嘴巴張開哈氣散熱，突然間，眼角餘光瞥見有一些靈活的動態，幾隻野貓似乎都往同一個方向鬼鬼祟祟的移動。

我順著野貓的動作看過去，發現有一個人就蹲在斜對角，那個龐大背影看起來好像大副，身旁還圍了一大群貓！黑的黃的白的花的虎斑的，大大小小各種毛色，有漂亮的，有殘缺的，有跛腳的，是要演暗黑童話吹笛手的貓版本嗎？不管三七二十一，我趕忙衝了過去，問大副這是在幹什麼？大副還是蹲在地上，繼續忙著餵貓，一大群貓咪也不理我，忙著繼續吃，滿地都是白白的大魚骨頭跟半透明的小魚刺。大副笑著抬頭看了我一眼，這是我第一次看到他笑。

「啊……老師啊，就有一些魚賣不出去，或者太小了不好吃，我就都給牠們吃。所以牠們看我釣魚回來，就會圍過來，牠們都認識我，我也認識牠們。」他站起來拍了拍手上的碎屑，提走了充滿魚腥味的塑膠袋，幾隻舔著嘴巴的貓咪意猶未盡盯著他的塑膠袋。大副為了能平視個子矮小的我，微微低下他那個方大的腦袋：「老師我先來去，等一下船要進港了，要去整理。」

「你等等等等……你家到底在哪裡？」

「就前面第二個紅色的鐵門啊！上去三樓就是我家，我老婆在家。」

我心裡咕噥著，每一扇都是斑駁紅色的生鏽鐵門，我哪裡知道，原來剛剛走來走去找門牌時，早已經路過他們家門口三四次了……。

順著大小不一的簡陋樓梯進入他家，卻是意外的溫馨整潔美麗。小小的客廳一塵不染，陽光透過樸素的舊式白勾紗窗簾灑落大大小小的光影，屋裡點綴著許許多多綠色的小盆景，都是常見且便宜的植物，但是每一株都照顧得很健康，生機盎然。

又熱又累的我受到大副太太誠摯的歡迎，當她忙著去倒開水給我時，我趁機欣賞起這個彷彿歲月凝結在六〇年代的家。坐在老舊斑駁的咖啡色皮沙發上，背靠著彩虹花色手工編織的腰枕墊子，舉目所及盡是復古典雅風格的老派傢俱，白與綠與透明的光采，彷彿把窗外的濕熱與粘膩隔絕在另一個世界。

大副太太的外表就是一般中年婦女的模樣，但是聽她說話，就像這間房子給人的感覺一樣清爽而舒服，她的聲音有一種難以形容的魅力，不過度高亢，也不是很低沉；速度不疾不徐，是一種舒服的女中音，而且抑揚頓挫、咬字清晰，國語台語轉換毫無粘膩，讓人放鬆卻又會集中精神想聽清楚她繼續說什麼。而且最難能可貴、令我激賞的是，她說起話來用字遣詞鮮少重複、沒有廢話。

我忍不住稱讚太太的聲音真是無比好聽！她笑了，那是一種莊重自持清雅的笑聲，她說，當年和大副還沒有見過面，大副就是講跟我一樣的話來追自己的啊！聽到這麼有趣的愛情故事，我怎麼能放過？打聽之下才知道，原來大副在跑船的時候必定會收聽漁業電台，而年輕的她當時是漁業電台播音員，溫暖而優美的聲音，讓浪跡四海的漂泊男兒終於對陸地有了一絲掛念。

慢慢地，他們開始用特殊頻道聊天，就這麼展開一段空中戀愛。那個年代還沒有網路直播這麼方便的新科技，航海期間沒得送信，也沒辦法寄照片交筆友，所以彼此完全沒有見過面，也不知道長相如何。但是，愛情來的時候從無規則可循，因此他們約定好回台灣的時候相約碼頭，直奔禮堂！

沒想到，在返航期間，大副就跟被害人發生了衝突。被害人被活活打死，大副被綁起來關在船上狹小的儲藏間。原本談情說愛的電波，變成通報刑事案件的一一〇。船一靠岸，海巡早就等著先來抓人，直接押解到看守所。根據規定，只有父母或者配偶這種一等親，在看守所才能會面。當時的女友、現在的太太想盡了辦法，把結婚申請書送進看守所，兩人就這樣隔著鐵欄杆見到了第一面。

女朋友變成老婆的過程，不是結婚、宴客、送入洞房、也沒有蜜月；大副跟新婚妻子的第一面，是討論請律師、和解、賠償金和訴訟過程，接下來就在一個又一個的出庭和移監過程當中，新娘子的青絲添了斑白，而新郎結婚的那套「禮服」，仍然還是那套囚服。

浪漫哀痛的愛情故事從女主角口中娓娓道來，就像一首唯美悲傷的老情歌，慢慢融化了我剛強專業的外殼。我的眼角似乎有點濕潤，只好趕快移轉目光看向他處。突然間，我瞥見客廳的電視櫃上放了一張國高中年紀女生的照片和一張張的獎狀，除非大副當時有在外役監可以回來懇親，否則這個小孩是哪裡來的？我小心翼翼詢問太太，女兒是什麼時候生的？太太微笑回答：「女兒是我們的，但不是我生的……。」原來，在大副坐牢的同時，太太的親姐妹生下一個女兒，太太就跟大副商量，領養了這個女嬰，所以從小到大，女兒就是隔著監獄的會客窗看著爸爸變老、由媽媽養大。

我不太了解所謂刻骨銘心的愛情應該是什麼模樣，我更不了解是什麼樣的力量，讓一個不乏追求者的航海播音員愛上從未見過面的大副，寧可跟親生父母決裂，也要嫁給一個正在坐牢的囚犯，因此名聲敗壞被公司任意找藉口開除，只好四處打零工，努力替他養育傳宗接代的女兒。

但我也是個女人，就算我沒有親身經歷這些事，也可以想像這條路有多麼艱辛困難。我忍不住很不專業地脫口而出問道：「太太，妳不會後悔嗎？」大副太太露出嬌羞甜美的小女孩笑容，搖搖頭：「老師，你看也知道，他是個很棒的男人！」我也笑了，搖搖頭。我其實看不出來，但是我聽見了，我聽見如雷貫耳的一「聲」鍾情，原來是一「生」鍾情！

03 握花的手

【犯罪類型－槍砲案】

觀護人第一次跟個案見面的場景通常都是在約談室，多年來我習以為常，有時約談內容甚至是照本宣科，例行公事一番。但是，跟「送花仔」的對話，我至今難以忘懷，回想起來仍忍俊不禁。

對話內容如下：

「現在工作在做什麼？」

「幫花市送花。」

「很好。工作都習慣嗎？」

「很習慣啊！因為之前就做過了，可是，老蘇啊（「老師」的台灣國語版），我不只做這個工作，我還有做兼差耶。」

「你可以做兼差嗎？」

「可以呀，我插花。」

「怎麼可以做這種非法的，你去搞賭場給人家插花會撤銷假釋知不知道！」

「啊老蘇你怎麼把我想得這麼壞，我是說真的插花啦！」

槍砲案件，半甲刺青，短短的五分頭，曬得黑臉發亮。我把眼鏡拿下來擦擦再戴回去，這個人怎麼看怎麼不像會插花的樣子。這實在不能怪我以貌取人啊！幸好我之前還在花藝社團略略學了一點皮毛，隨機口試考考插花的專業術語、池坊流、海綿、西洋花……沒想到，個案對答如流，對於不同季節出產的花卉以及搭配，都講得頭頭是道。再仔細深入詢問，原來他的爸爸媽媽就在當地知名的花田做花農的幫工，從小耳濡目染，怪不得對於花藝如此了解。失敬失敬，這不能怪眼鏡，是老師的既定印象，矇蔽了自己的雙眼。

既然有這樣的專業知識跟能力，對花卉市場又有足夠的了解和人脈，用合法正當的方式就可以吃飽穿暖，何必需要弄槍弄刀？插花仔一臉無奈：「我也不願意呀，是因為之前老闆欠錢，一直欠過年，不管怎麼跟他討，就是不肯付工錢。我一氣之下就跟朋友借了槍，然後去他家討債了啊！」雖然這個邏輯並不合理，但是我順著插花仔的邏輯繼續追問下去：「所以你這樣順利討到錢，過了好年，才被抓到了嗎？」

「老蘇啊，如果錢拿到也就算了，至少關這一趟還算值得，重點就是沒有討到錢，然後又住院，然後又被抓了啊……後來我還上了新聞報導，老蘇啊你說好笑不好笑？」約談個案最大的困難且經常發生的情況，就是對話邏輯通常都會分岔，岔出去再岔回來又岔出去，而且中間都夾帶著我完全搞不懂的狀況、也沒寫在判決書裡的內容。來來來，插花仔同學，請你慢慢說明，上新聞是怎麼回事？住院又是怎麼回事？錢討不到這也很正常，你可以跳過不用詳細說明沒關係……。

「老蘇啊，系安耐啦（國台語交雜著台灣國語），朋友借槍給我嘛，啊我就去找老闆討錢，然後討不到我又很生氣，就一邊開車一邊打電話，跟我的朋友講這個老闆很超過，看要怎麼去給他處理。然後我在開車時，忽然之間就覺得奇怪，怎麼有『蹦』的聲音？我以為是爆胎了，但是車子開起來感覺也好好的。後來覺得褲子熱熱的，可是我又沒有閃尿，低頭一看，原來全都血！

「因為我去找老闆的時候，就把槍的保險打開了，然後就插在後面腰帶！這時候我就覺得屁股很痛了，於是我一手開車一手拿電話，一邊跟朋友幹譙一邊屁股忍痛一邊用腳催油門，加速到一百多，趕快去醫院急診。到了醫院門口，我就雙黃線直接迴轉，給人家停在急診室大門。警衛來趕我，我就把門打開，然後滾下車，趴倒在地上，屁股都是血，接下來我就昏倒了⋯⋯。」

「然後呢？」

「啊⋯⋯是說，那個醫生就也有點給他機車，他看完就一直偷笑說，子彈直接穿過我的屁股肉，我的整條牛仔褲後來全部都是血，脫也脫不下來，只好全部把它剪開。厚，那條牛仔褲粉貴哎！啊⋯⋯彈殼也掉在駕駛座，所以我就每天都趴著，趴了一個多禮拜。因為有槍啊，可能是醫生去講的吧，沒多久警察就來了，然後在我的病房門口哈哈大笑，接下來就走了。過了幾天，我的朋友們都知道了，每個人都來看我，然後順便笑了我一遍。啊，老師你也可以笑沒關係，不用忍耐。」

「然後呢？」

「後來等我可以出院的時候，就是警察來帶，家裡人不能來帶。然後，醫生還跟我恭喜恭喜，說我很幸運，子彈沒有影響到神經，所以將來走路是正常的。醫生很壞心還說，最幸運的是後面受傷了，前面的功能不會受到影響……。」

「然後呢？」沒有然後了。這個屁股中彈、嘴巴幹譙、單手開車、右腳狂踩油門衝進醫院的畫面揮之不去，我找了個藉口，讓插花仔可以趕快結束報到，然後我用生平最迅速的步調躲進走廊後面的角落，開始放聲大笑，笑到眼淚都掉出來……。

不知道是擔心我懷疑他說謊，還是上了新聞是人生難得一見的豐功偉業，沒多久，插花仔就把自己槍炮案件被捕的新聞剪報拿來給我看。我看完了以後，他馬上討了回去，又小心翼翼收了起來。我忍不住問插花仔，你的親戚朋友是不是都看過這個新聞報導？插花仔很認真想了想，給了我一個模稜兩可的答案：「朋友應該都知道了，親戚大概不知道，但是朋友應該會讓親戚也知道吧，畢竟鄉下地方朋友很多都是親戚呀……沒有看過新聞報紙，可能會懷疑我講的不是真話耶！」

插花仔對自己過去的犯罪歷程交代得詳詳細細明明白白，對現在的生活更是一五一十主動報告，甚至連想要談戀愛的對象，都來主動詢問我，該怎麼表示比較好。因為插花仔實在不好意思直接開口告訴女孩子我喜歡你，兩人又是認識許久的朋友，經常一起吃飯聊天。

平常男孩子示愛的方式可以送花，但是插花仔跟心儀對象都在花藝產業界工作，送花簡直是笑話一場。這種少年維特的煩惱是好現象，身為觀護人的我，也不時充當一下愛情顧問，更重要的是叮嚀他絕對不可以有家暴或者財務糾紛，畢竟人生並不總是春暖花開，戀情不如意之時，才能考驗一個人的本質。可惜我沒有親眼看見插花仔的戀情開花結果……。

我突如其來地接到調動令，一時急迫，必須盡快跟所有的受保護管束人說明我的異動，並且交接給新的同事。我只好將全部的人召集起來，在小會議室裡跟我所有的個案說明調動之後的規則。有人鬆了一口氣，有人面無表情，有人眼眶泛紅，有人深深嘆氣，有人開始擦鼻涕。我鼓勵大家，人生沒有不散的宴席，有的緣分開始得美麗，結束得殘酷，例如家暴的怨偶；有的緣分則開始得殘酷，結束得美麗，例如光榮畢業的受保護管束人。希望大家都能夠光榮地從其他老師手上畢業。

大家陸陸續續走得差不多了，我低頭開始收拾桌上的資料。突然間，插花仔從會議室的最後方衝到講台前，一邊用迅雷不及掩耳的速度說「老師我一定要說我一定要說……」一邊伸出右手，像商務人士那樣握住我的手腕上下搖動。他誠懇地看著我，嘴巴語焉不詳咕噥著「老師謝謝你、謝謝你、我一定要說謝謝你……」「這些時間老師教我很多」等含混不清的話語，還不斷點頭鞠躬，然後，似乎就在這一場混亂中說了「老師再見、保重身體喔！」之類的話之後，就一溜煙不見了！

我徹底呆住了！倒不是因為插花仔突然抓住我的手，讓我有種被冒犯或者被性騷擾的感覺，而是在被握住手之後，我可以感覺到他的這雙手非常的粗、非常的厚、上面佈滿了傷痕，有疤、有痂、有割傷後又癒合的感覺，也有純粹像沙子一樣的粗糙表皮。那是清雅菊花、雄壯劍蘭、多刺玫瑰留給插花仔的紀念品，比一百篇新聞報導更能讓我相信他工作的真實與努力——這是一雙握花的手，不是握槍的手。

04 監獄來的信

【犯罪類型－毒品】

很多年以前，因為上一份工作的危險性，遭到不明人士恐嚇，所以到警察局備案。警察問我有沒有跟什麼人結仇，我很明確的告訴警察，在什麼時間發生了什麼事情，可能產生哪些利益衝突，導致某些人的懷恨。

很多年以後，現在這份工作一樣具備危險性。不過如果遇到同樣的狀況，我反而不知道什麼時間發生了什麼事情，才導致利益衝突或被人懷恨。因為觀護工作的本質，有很大一部分就是個案違反規定的時候，我必須執行法律「撤銷假釋」[3]，讓個案重回監獄服刑。對個案來說，我是劊子手，他恨我、他家人恨我、他女朋友恨我——他全家都恨我。所以，當我收到這個地址特殊又蓋過檢查印章的信封，我實在非常不想把它拆開，因為這是一封來自監獄的信。

筆跡非常熟悉，運筆非常用力，一撇一捺清晰無比，有點小學生刻鋼版的感覺。長時間待在監獄裡的人，多半都有這樣的寫字習慣。他的字體還有一些獨特風格的小抖動，所以雖然事隔兩年多，看到這個熟悉的字體，還是喚起了我以為早已遺忘的回憶……信件內容很簡單，其實只有十四個字：「道歉道歉再道歉，後悔後悔再後悔」。他說，對不起老師的教導，原以為自己能夠光榮畢業，卻讓老母失望、讓老師難過、讓自己蒙羞，這一切都怪自己心存僥倖。最後他承諾會在監獄裡好好服刑，出來之後，重新以自由之身再來看望老師，向老師當面道歉。

看到這封信，所有記憶瞬間湧現。這個阿土，之前不是我的個案，是從別的地檢署移轉過來的。他的前科很多，厚厚一大疊，出入監獄的時間長達三十年，看了就很不討人喜歡，長相也給人類似的感覺。但是，跟他會談之後，我覺得他似乎還算憨厚，並不像資料呈現得這麼匪類。而且這一次他非常努力的做工，剛出監毫無一技之長，馬上就去做臨時工，從一天一千元開始，咬牙掃馬路、清垃圾、整理工地，後來被派去植栽，竟意外開啟了他對於種植花草樹木的熱情，正式開始學習做園藝工。

他的雇主剛開始不知道他前科累累，就讓阿土試做，沒想到，阿土的工作態度讓雇主大吃一驚。在高雄的大太陽底下挖土種樹，揮汗如雨，但挖得越深，樹木的根才會抓得越牢靠，不怕風吹雨打，這樣存活率才會高，未來也才能欣欣向榮，開花結果。但是，樹根要挖得多深，全憑自己的良心，因為樹木不會馬上死掉，要過了好一段時間才看得出種植的成果。

所以，當別人找機會偷懶，阿土都在揮鋤滴汗。雇主當然覺得是個可造之才，所以很快就幫他升了薪水，還一點也不藏私，指導他不同園藝組合的搭配，以及什麼樣

---

3 依照保安處分執行法第七四－二條規定，受保護管束人在保護管束期間內，應遵守下列事項：（1）保持善良品行，不得與素行不良之人往還；（2）服從檢察官及執行保護管束者之命令；（3）不得對被害人、告訴人或告發人尋釁；（4）對於身體健康、生活情況及工作環境等，每月至少向執行保護管束者報告一次；（5）非經執行保護管束者許可，不得離開保護管束地；離開在十日以上時，應經檢察官核准。受保護管束人違反前條各款情形之一，情節重大者，依照保安處分執行法第七四－三條規定，主管機關得根據此項事由撤銷其假釋。

的植物適合什麼樣的生長環境等專業知識。阿土長相土直但腦袋靈活，很快成為雇主的左右手。這時，阿土才坦白告訴雇主，自己要到地檢署報到，也全盤托出自己的前科。雖然雇主非常驚訝，卻拍拍阿土的肩膀說沒關係，以後你要去跟老師報到，都不用扣錢，只要提早講就好了！阿土來報到的時候簡直欣喜若狂，感動得熱淚盈眶，他說，他一定會認真工作報答老闆。

事實上，他並不是唯一一次受到貴人相助，隨著會談越來越深入，他回憶起以前念私立工商的時候，有個很兇很嚴格、大家都很害怕的教官，經常因為學生服裝儀容不整、態度不好、行為不端正而處罰學生，阿土就是其中的黑名單。阿土常常跑給教官追。但是阿土有個優點，如果教官真的氣喘吁吁地追到了他，他再怎麼被處罰，都還是會打從心底接受，從來不會出現挑釁的態度。但即使如此，阿土知錯卻不一定能改，仍然是教官處罰名單上的常客。

不過，可能阿土的態度很受教，教官每次處罰他之後，就會特別對他關懷指導，甚至帶他去家裡飽餐一頓，才讓他回家。當阿土跟我敘述這些過往，臉上的表情漸漸呈現一種兒子仰慕父親的溫暖神情。他說，他聽以前的同學說去看望教官，已經退休的教官現在已經高齡八十歲了，還跟太太一起住在學校附近的老房子裡。等自己小有成就，也要找機會去看看教官。

對於個案做出不違法的人生決定，我的原則向來是抱持尊重的態度，因為這是個案自己的人生，他有權利自己選擇，也有義務為自己負責。我給他們的建議，只不過是各種選擇中的一項而已，也不會因為我是觀護人，這個選擇就是最好的。所以，我從不強迫或鼓勵個案接受我的想法。但這一次，我沒有採取這個原則。

「阿土，你一定要去，不要拖拖拉拉。你現在就是有成就了，趕快去看教官。」

「老師啊，做個工算什麼，人家做生意的做大老闆的賺大錢，至少要做了工頭才會去看教官啦！我這樣去很沒面子耶！」

「教官八十歲了，就算身體很健康，你覺得教官可以等你多久？況且你出出入入監獄三十年，你已經多久沒有讓教官知道你的死活了？你沒有在監獄裡面關，就是人生很重要的成就了。再說，你現在的工作也做得很好，不趁現在去，將來一定後悔。你聽老師的話，趕快去找找看有沒有辦法聯絡教官，而且不要兩手空空的去，那很沒有禮貌，買個小東西也好。趕快去，報到完下午就去！」

阿土因為報到表現良好、驗尿一向很正常，所以從來沒有聽過我疾言厲色。他的表情有點驚慌，匆匆忙忙點點頭，就跑走了！

下個月他來報到的時候，屁股都還沒坐下就直說「老師老師老師！教官看到我好開心，還要包紅包給我！」

「你慢一點，從頭開始說起啊！」

原來，阿土真的去了！阿土還是一樣冒冒失失，沒有先跟教官和夫人聯絡，就直接跑去教官的家。花木扶疏的老院子似乎還是跟當年一模一樣，紅艷艷的九重葛高過牆頭，幸運的是，教官並沒有搬家，所以當拄著拐杖開門出來的老教官看到阿土的時候，其實根本認不出來這個在太陽底下曬得烏黑發亮的中年男子到底是誰？還以為他是外勞。阿土自我介紹之後，教官竟然還記得他，而且興高采烈地跟夫人介紹，講起阿土以前的事情。兩人回憶起當年，想到那個蹭飯的小伙子如今竟然已經為人父了，老教官哭了，阿土也哭了，夫人也陪著哭了……。

對於難以啟齒的過去，阿土並沒有說得太詳細，不敢坦言出出入入監獄多次，只提到最近這一次。教官聽阿土剛從監獄出來沒多久，一言不發，顫顫巍巍拄著拐杖走進房間。出來時，教官手裡拿著個紅包要給阿土過運。阿土連忙拒絕，趕快從口袋裡拿出了自己早就準備的紅包雙手奉上給老教官，還說「我們老師有交代要我買禮物，但是我實在不知道要買什麼，所以想要孝敬教官還是包紅包比較適合。」這下子讓教官老淚縱橫：「之前的學生來看我，還有人來借錢的，就只有這麼一個阿土，還想到要包紅包來孝敬我這個老頭啊……」

阿土一邊斷斷續續，一邊擦著眼淚鼻涕跟我說：「幸好，幸好幸好我有聽老師的話。教官說，叫我有空就去。講好了中秋節過了之後，還要再去幫教官修剪九重葛。」我緩了好一陣子才能開口回應自己催化的這段師生情，因為無論這裡面有沒有我的角色，都讓我覺得非常感動。但在阿土面前顯露激動的情緒實在太不專業，我努力深呼吸，嚥下哽咽的聲音，大大稱讚了阿土一番，希望他一定要實踐承諾，常常去看望老教官。

但，中秋節還沒到，阿土就先被警察抓到。

通常，不按照規定時間來的不速之客都不是什麼好事，阿土在不是約定的報到時間出現在地檢署約談室門口，我心裡就有一種不祥之兆。阿土被交保之後就跑來找我，一把鼻涕一把眼淚講出令我匪夷所思的劇情。

原來阿土在大掃除整理房間，翻箱倒櫃之後，整理到許多以前留下來的舊東西。在抽屜的最裡面，竟然還留有一包海洛因！他拿著看了很久，不知應該要把它吸掉還是要丟掉，就拿著這包海洛因走到街上去了。正在過馬路的時候，霹靂小組開車經過，不知道為什麼覺得阿土形跡可疑，就攔下了他。阿土雙手奉上海洛因，坦白承認一切，然後就進了警察局。

我當下真的懷疑阿土是在騙我，但後來看見起訴書跟判決書都寫著類似的內容，我也覺得不可思議。阿土當時到底在想什麼？既然沒有要吸毒，大可把它倒進馬桶沖掉就好了，為什麼還要拿在手上走來走去呢？

我用各種語氣和不同的態度反覆問了阿土多次：「你到底在想什麼？」他有時哭，有時認真回答，有時想了很久，但答案差不多都是「其實我也不知道。」最後我忍不住開罵了：「阿土你腦袋裡到底裝了什麼！難不成都是一片空白嗎？」阿土竟然真心誠意地點頭說「對！」

撤銷阿土的假釋，是明明白白的法律規定，阿土也必須為自己的行為負起責任，無論我的心情如何，都不會改變撤銷的決定。我只能掩卷長嘆，把信收起來，下定決心不要再打開來看，不要讓已經撤銷的個案佔用我的心思，危害到現在個案的權益。

過了兩天，我把信件拿出來又看了一次，一次又一次。我彷彿看到飄著稀疏銀絲的老教官站在九重葛底下，用拐杖指著需要修剪的位置，指揮著站在鐵梯上拿著大花剪的阿土。阿土仍然是一身黑到發亮，滿頭大汗回頭對著老教官微笑。我想，這個場景應該會是在民國一百一十五年的時候吧……

05 一門英烈

【犯罪類型—毒品】

第一印象通常很重要，但是在我的約談室，這卻一點都不重要，因為我會先收到前科表。

這個年輕人不到三十歲，前科表已經厚厚的一大疊，還沒有見到他本人之前，我就已經先看到他一大堆的犯罪紀錄：毒品、毒品、竊盜、毒品、贓物、毒品、毒品、毒品、竊盜、詐欺、毒品、毒品……我嘆了口氣，唉！將前科表闔起來，或許我又會變成他人生不法記錄的另外一個「撤銷假釋」篇章。

突然間，一個有禮貌的年輕人出現在門口，恭恭敬敬地敲門，立正站好，輕輕的鞠躬，說老師好。三分頭加上可愛的微笑，陽光清爽的感覺看起來像個大學生，而不是前科累累的假釋受保護管束人。資料整整齊齊地寫完，字體漂亮又帶有獨特的花俏，每個字結束的那一筆都略略往右上角傾斜，帶點鵝毛筆時代沾墨水字的那種如畫般優雅的飛舞感。我照章辦事完成法定程序，最後例行詢問有沒有問題？年輕人直率坦白地看著我的眼睛：「老師我有問題！」

「請說？」

「我女朋友陪我來，她躲在外面，她很想進來，所以在門口聽了很久。我可以讓她進來坐嗎？」

「當然可以！」

其實有太太或女朋友陪著個案來報到，是我求之不得的寶貴資源，因為能感受家人的關心、回應家人的需求，通常是改過向善的第一步。況且，親密伴侶如果願意跟老師配合，那就不止是我最大的盟友了，更是預防移情作用最重要的保護傘之一。所以，那些想要跟老師見面的太太或女朋友、甚至媽媽，對我來說都是天上掉下來的禮物，歡迎都來不及，怎麼可能把女朋友擋在門外呢？

話音甫落，女朋友馬上就從門口探出半個頭，露出了圓圓的笑臉、圓圓的身體跟圓圓的肚子，一手扶著腰、一手拉開椅子。看見女朋友的動作，我的心逐漸往下沉，女朋友看起來似乎已經懷孕了！但年輕人才剛從監獄裡出來，女朋友肚子裡的小孩是誰的？該不會毒品案之後又要馬上接殺人犯吧?!而且還是一屍兩命！

觀護人雖然什麼事情都往壞處想，但是表面上還是得假裝雲淡風輕。貿然問起年輕人這個小孩是哪裡來的，太不專業也太危險了……。我決定旁敲側擊，比較安全一些。我問起年輕人，家裡有哪些人？

爸爸還活著，沒有工作。媽媽也活著，也沒有工作。妹妹也活著，一樣沒有工作。三個人通通都沒有跟年輕人住在一起，而且也都沒有聯絡方式，更沒有手機號碼！這不會太奇怪嗎？要不就是年輕人說謊騙我，要不就是填報了假資料。但是年輕人跟女朋友都一臉認真發誓真的是這樣啊！因為他們都在關啊！

等一下等一下等一下，老師問清楚一點。所以，他們三個人都關在監獄裡嗎？年輕人一臉誠懇地說：對！爸爸先去關，大概被判二十年。媽媽晚兩年進去，大概是判十幾年。妹妹去年才進去，也是判了十幾年。所以自己早進去早出來，因為妹妹這麼晚才進去，可能會很晚才能假釋啊！目前自己是家裡唯一一個在外面的人，所以很忙的，放假日都要趕著排班去會客，分別替家裡人寄點錢。在自己還沒有出來之前，就是妹妹負責跑三個監獄，分別給其他人寄錢。

這樣輪流排班在三個監獄之間跑來跑去探監，不會覺得很辛苦嗎？年輕人一臉理所當然地笑著，女朋友濃情密意地轉頭看著年輕人，兩人不約而同輕輕搖頭。年輕人說：「不會啊！這個是正常的。從小家裡就會有人在關，不是爸爸關、就是媽媽關，大家也都習慣警察來家裡了，都知道要怎麼樣跟警察講了。後來我自己少年犯的時候，媽媽也會幫忙騙警察，妹妹後來在少年法院報到，也常常有警察來找。因為妹妹跟我念同一個小學，全校老師都知道了啊！這個沒什麼啦！」

這沒什麼？國小課本裡描述爸爸早起看書報、媽媽早起做早餐的溫馨畫面，似乎才是我印象中普通家庭生活的狀態。然而年輕人的正常生活型態，不是媽媽在關就是爸爸在關，你到底是誰照顧長大的啊？年輕人眼底流露出一絲溫柔，聲音立刻沉了下去：「這次，我會跟以前不一樣！因為小時候我其實是阿嬤養大的。阿嬤現在老了身體不好，只有我可以孝順她，所以老師你不用擔心，這次我會表現得很棒！」聞言，女朋友更加甜蜜微笑望著年輕人，兩個人相視而笑。如果用少女漫畫來形容，就像整個約談室頓時充滿了粉紅色的愛心加小鳥，讓坐在主位的觀護人看起來簡直像電燈泡一樣多餘。

但畢竟，來地檢署是報到的，可不是來談戀愛的，該辦的事情還是要辦。不想再當電燈泡的我趕緊發號施令：「年輕人請你趕快去驗尿，否則空口說白話，沒有任何意義！」沒想到年輕人爽朗地道了一聲好，迅速拿起單子去接受毒品尿液採驗。

從這天開始，每一次年輕人報到，都帶著女朋友一起前來，也一樣爽快地接受驗尿，從來沒有藉故請假拖延或是不接受驗尿的情況。這在再犯率奇高無比的毒品案件身上，算是極為少見的優等生。況且，這家人的毒品前科大概可以替台灣寫一部毒品二十年的編年史，從強力膠時代到安非他命、海洛因、K他命，從單純的使用、稀釋、販賣、轉運和無償轉讓，無役不與。

年輕人雖然努力適應社會，但畢竟長年以來都在吸毒，自己的家人跟所認識的朋友幾乎都跟毒品有關係，不是藥頭就是藥腳，再不然就是毒蟲，要找個正常的工作也比較不容易。幸運的是，女友的叔叔幫忙介紹了工地的粗工。很快的，年輕人就常常渾身沾滿了泥沙來報到。

隨著報到次數越來越多，年輕人跟女友越來越顯現出討人喜歡的個性。他們會爭先恐後跟老師報告自己的近況，有時還會互相吐槽，甚至老師想問又不敢問的懷孕問題，自己就主動說了出來。

「老師，我想問你，小孩不是我的，但是我們結婚是不是可以算我的？」

「你現在問的是認領吧？」

「老師這個太難了我聽不懂，我要怎麼樣，才可以讓小孩變成我的。」

「你要先確定讓女朋友懷孕的那個人，會不會搶著要來認小孩當生父啊！」

女朋友搶著回答說，「那個人不會啦！那個人反正最近也去關了，我也沒有告訴那個人我懷孕了。反正我們都已經講清楚小孩的爸爸只有他，絕對不是別人！」

這時候換我必須要再三確認年輕人的心意：「你真的想清楚，願意承擔做爸爸的責任嗎？而且明明知道小孩不是你的，你還想要當這個爸爸嗎？」年輕人收起嘻皮笑臉的表情，睜大了眼睛，一臉嚴肅的說：「老師，我的女朋友就是我除了阿嬤之外最重要的人，她肚子裡的小孩，不管是誰的，就等於是我的！」

這時候我腦海裡突然自動響起一首台語老歌「男子漢，堂堂五尺以上，我是男子漢～～」不行不行，在這麼嚴肅的場合，一秒鐘之內腦袋裡的小劇場自動切歌，轉換成靜音模式，啟動法律程序，外掛婚前衛教。

雖然年輕人十分配合，但我還是會進行家庭訪視，了解他在報到時所講的，跟我親眼所見有多大的差距。年輕人跟女友蝸居在寄人籬下的套房頂樓，違建的樓梯是我從來無法想像的狹窄，我必須手腳並用才能爬上兩人同住的愛巢，「簡陋」實在不足以形容這只有一個房間的家。這裡沒有椅子可以坐，站著又會頂到頭，沒有家具，只有地上放了一個雙人床墊，兩個粉紅色沾了污漬的枕頭和幾個髒兮兮的絨毛娃娃，讓房間看起來有些生氣。為了不尷尬地碰觸到他們兩個的床，我只好彎腰駝背地站著，假裝一點都不難受。

訪談完畢之後，年輕人意見很多，而且不願意直接告訴我。他三番兩次要求女友轉述以下內容：「請老師以後不要自己一個人去同學家訪視，這樣很危險。像我是正人君子沒問題，如果去壞蛋家或者是那些『香蕉』[4]，一個女生是很危險的！」年輕

4 受刑人對不同犯罪類型有不同的自我評價，通常評價最差的是性侵犯，取形命名。

人的關心讓我覺得溫暖，但是他對於自己跟別人的評價實在讓人忍俊不禁……。

幾個月過去了，女朋友的肚子也像吹氣球般鼓了起來。最後一次的報到，是在期滿前三天，從來沒有遲到過的年輕人，這次竟然過了約定的報到時間還沒有到。我心裡正納悶，就接到了女友帶著哭腔的電話。她顛三倒四泣不成聲：「老師，對不起！他沒有辦法來報到了。我下午想陪他去，但是沒辦法了，他他他……昨天，不對是前天，被抓去看守所了！所以他沒有辦法回來，沒有辦法去報到了……。」

「到底是怎麼回事？妳先不要哭，慢慢講，妳一直哭老師聽不懂。」我停頓了兩三分鐘，讓女朋友擤了擤鼻涕，請她深呼吸，再慢慢聽我說話。因為我實在擔心這位身懷六甲沒多久就要臨盆的女朋友，情緒這麼激動，萬一出了什麼意外怎麼辦？我先小心翼翼詢問胎兒有沒有狀況，再問女朋友現在身體還受得了嗎？電話中，我要求女朋友坐下，慢慢詳細跟我說明實際的情況。

女朋友哭完之後帶著哽咽回答我：前一陣子，年輕人覺得做工賺的錢實在太少，再加上女友馬上就要生產，家裡的負擔一下子變得很重，於是就跟港口的幾個朋友聯絡，幫忙帶一些「貨」。想當然爾，就是海洛因。結果貨交了，還沒有分到錢，幾天前警察就到家裡來抓人。年輕人被抓的時候沒有拒捕、沒有落跑，只交代了女朋友要打電話給老師……。女朋友雖然想照年輕人的意思馬上打電話給我，但又不敢開口，一天拖過一天，直到今天是最後一次報到，才決定打來電話。

放下電話，我呆滯良久，彷彿靈魂被抽乾了一樣虛脫。不知過了多久，大腦才開始慢慢運作，浮現各種各樣的疑問：「年輕人說做工，一直是騙我的嗎？女朋友也是合謀一起來騙我的嗎？」「說是最近才開始買賣毒品的，還是很早就開始買賣毒品了呢？」「那個從頭到尾坦承犯罪歷史，甚至會替老師著想的年輕人、打算悔過照顧老祖母、打算對女朋友的小孩視如己出，通通都是假象嗎？」「是我太好騙，還是年輕人從小到大鍛鍊的說謊功力太厲害？但是他每次的驗尿報告都是正常的，這又該怎麼解釋呢？」「是我輔導得太寬鬆？還是我太嚴格，把他逼上梁山了呢？」

我知道我的問題都得不到答案，但是我既沮喪又沉重的心情亟需找到一個出口。於是，我拖著腳步移動到資深前輩的位子前問她，期滿前三天再犯要怎麼辦？前輩哈哈大笑：「那就期滿再犯結案啊。期滿前三天還好啦！我之前有過期滿當天剛好被警察抓走的個案呢！」不知道是她的笑聲好像突然釋放了一切，還是期滿當天被抓走比期滿前三天更慘一點，我也跟著哈哈大笑了起來。笑聲不停，我的眼淚也不斷從眼角滴了下來。

光明璀璨的起點，不保證會有乾淨無瑕的終點；反過來，也一樣。第一印象常常是蒙蔽事實的假象——這是我做觀護人的第一年。

06 野花

【犯罪類型－毒品】

犯罪學的教科書說，絕大多數的犯罪人都是男性。在世界各國的監獄，也是男性受刑人多於女性受刑人。[5]在我的個案當中，也是明顯男多於女，男生大概佔了九成[6]，整個結構比例完全不符合社會型態。所以，當女性個案出現，自然而然會被行注目禮，尤其在等候區擠滿了一大群臭男生的時候。

5 犯罪學家Hagan與O'Brien分別提出權力控制理論，說明性別與犯罪率受到家庭控制、社會階級和社會性別比例所影響。

6 按性別區分，每十萬女性人口有四十三點八人在矯正機關，每十萬男性中，有四四八點一人。女性收容人相較於男性屬於少數。資料來源為法務部矯正署統計資料。

一個長髮烏黑、身材曼妙的女子蓮步輕移，搖曳生姿，從左邊走來右邊報到時，就會看到許多登徒子流著口水、睜大雙眼，毫不掩飾地把腦袋從左邊轉到右邊，然後死死盯著對方背影不放……。直到這個女生飄進我的約談室，他們還會想辦法找藉口不小心經過我的約談室門口，就為了想偷看一下。害我忍不住中斷正在嚴肅說明的法律規定，提醒她，報到結束離開的時候，可能有些傢伙會要電話的、要聊天的、要約吃飯的，最好謹慎小心。

聽到我這麼婆婆媽媽地交待，小花不以為意摸了摸順在頸項邊的長髮，輕聲嘻嘻笑了起來。她把蹺得高高的長腿伸展開來，又換了一邊蹺。雖然什麼都沒有露，我也沒有看到任何不該看到的地方，但不知道為什麼，小花的動作讓她白皙的小腿看起來相當嫵媚動人，連身為女性的我都覺得實在是很有魅力，實在也不能怪外面那些剛從監獄放出來沒多久的男性個案，一直在流豬哥口水……。

平心而論，小花長得並不漂亮，素顏時更普通得像個路人甲。後來假釋時間比較長了，開始嫁接睫毛，畫了妝，稍微漂亮一點，但也只能稱為「上相」而已。但小花卻有一種強烈吸引人的特質，極度的女性化，惹人憐愛，以致於每次報到的時候陪著來的男生都不一樣，到最後我已經放棄詢問，這個男人到底是不是男朋友？或者，是不是跟上次同一個男朋友？

雖然我不想過問，小花卻很愛來跟我講。每一次的開場都是用甜甜蜜蜜的聲音，拉長了尾音叫我「老師～～～」。有時東拉西扯，有時言不及義，有時抱怨男朋友，有時又來曬恩愛。每次報到都講到一副不想回家的模樣，非得我趕著、逼著小花出去驗尿不可。小花出現的時候，後面的個案都會大塞車，一方面是小花講話一直都沒辦法劃句點；二方面是這些潛在的追求者就算自己報到完了，也還是在門口晃來晃去想要等小花，實在是讓人頭痛不已……。但是責備小花，她又用一臉無辜可愛的表情，睜大眼睛認真看著我說，「老師老師，我就是想要來跟妳講話啊～～老師現在是我最重要的朋友耶～～沒有人比老師更重要了呢！」

雖然我覺得這些話，只不過是前酒店小姐小花一小部分的「專業能力」，但是這樣被撒嬌的時候，實在很難打從心底真的生氣。而且小花口沒遮攔的個性，大大滿足了我對風俗業界欠缺的知識與好奇心……

「老師老師，跟妳說哦～～帝國舞廳小姐的禮服我穿起來也是很漂亮，從下午的茶舞開始，就會有了客人了啦！這樣小費也是不錯啦！」

「老師老師，妳聽我說吶～～我就是去陪搖[7]的藥桌啦！所以才會開始吸毒，要不然之前就是每天喝醉而已啦，喝得醉茫茫。後來吃藥之後就都不會醉了，這樣也是不錯啊！」

「厚老師，妳不要跟客人一樣傻傻哦，以為我們是什麼逼不得已才來做小姐。其實沒有啦，是有缺錢沒錯，但是我缺錢是因為自己想要買東西啦！什麼都想買，買包包、買漂亮的衣服啊，可是跟客人當然不能這樣講啊，我們就是要騙客人啊！說我要幫家裡還債，其實都是我自己的信用卡啦！後來家裡欠債也都是我欠的啊～～」

「哦老師老師，跟妳說哦，你不要叫我存錢啦，我們都領現金的，怎麼可能會存錢啦～～，但是沒有去上班就沒有錢領，還是要先去一下啊，如果真的不夠就跟經紀借就好了……不會逼小姐還啦！之後上班再給他抽就好了。反正每個都嘛說不用做S[8]，最後還不是一樣都做了。我一開始也都跟客人說我沒有做S啊！」

「老師老師，跟妳說哦，男人脫光光都一樣啦！十五分鐘一節，每個人都嘛搞不了多久。不一樣的是有吸毒的常常硬不起來啦！要不然就是半軟半硬，要不然就是常常射不出來，那個很麻煩耶，出場這麼久還不趕快付錢，又沒有買全場，我很虧耶！」

講到這麼露骨又直白，聽得人都覺得尷尬了。但小花仍然滔滔不絕，我開始有點擔心，小花會不會是想要吸引我的注意力，所以膨風講的不是實話？更讓我覺得奇怪的是，小花一而再、再而三跟我保證沒有回酒店舞廳應召站等八大行業工作，但是她越來越多次報到時出現精神不濟的狀況。雖然每次見到我，她仍然滿臉撒嬌的笑容，但我總覺得她好像睡得不夠。

最讓我懷疑的因素後來出現了，小花的身上和報到表總有一股奇怪的味道，混合了除臭劑、酒精、香水、菸味和某種難以形容的悶臭味，這種混雜而令人困惑的氣息，像是一團淡淡的灰黑色雲霧，籠罩著穿著越來越光鮮華麗的小花。我生來就有異於常人的敏銳嗅覺，所以也不能拿這個奇怪的味道當作懷疑小花的理由，對於別人來說，或許只覺得報到表上被香菸燻得有點泛黃而已。不過，獵犬一旦聞到氣味就會循線追索，而有狗鼻子的觀護人，也有自己的招數……。

7 搖桌小姐指提供陪嗑藥、吸毒服務的酒店小姐。

8 酒店黑話，「S」意指性交易。

小花的家是南部一棟平凡不起眼的透天厝，隨處可見，不特別豪華也不是貧民窟。屋子裡房間很多，小花的房間是用簡單的木板隔間，光線不太好，但是很大，東西又多，塞滿了各式各樣的衣服、鞋子、包包，還有許許多多的填充玩具，有Hello Kitty、史努比、維尼熊、海豚、鯨魚、貓咪、小狗，各種各樣、看過的沒看過的，新的舊的，有塑膠袋都還沒拆封的，也有褪色到難以判斷原本是什麼顏色的。從比人還高的玩偶，到放在桌上的迷你娃娃，應有盡有。

小花的爸爸媽媽很早就離婚了，所幸小花仍然在充滿愛的環境當中成長，爺爺奶奶爸爸都很疼她。最讓我感動的是，對小花視如己出的其實是姑姑。在家等我的姑姑一見到我，眼淚就奪眶而出，激動得抓住我的雙手，一直說：「老師謝謝你謝謝你，小花常常在講老師長老師短。她之前不喜歡去學校，國中愛去不去，高職根本沒畢業，現在卻很喜歡老師，小花從來沒有這麼尊敬過一個老師，老師您真的是我們小花的恩人啊……。」

我跟姑姑說了小花在報到時的模樣，姑姑有點驚訝的說，小花從來沒有跟家裡人說過上班的時候發生的事情。雖然家裡人都知道小花在做八大行業，也都知道她一直是晚出早歸，卻沒有一個人聽過細節，即使問小花也不肯說。姑姑哽咽無語了好一陣子，忍不住又用衛生紙壓了壓眼角的魚尾紋說，小花真的很相信老師、很喜歡老師啊……。

我明白姑姑的這種辛酸，為什麼自己用心照顧的孩子，卻什麼都不告訴自己，反而告訴一個外人？但理智也告訴自己，至少孩子還願意跟一個象徵法律或者社會價值的對象傾吐心聲，身邊多了一個老師關懷，總是一分好事。但是更讓我在腦海中迴蕩不去的是，姑姑剛剛說的那句「一直是晚出早歸」，到底是指什麼時候到什麼時候？姑姑毫不猶豫地說「假釋回來之後沒多久，又去上班了啊！小花說她跟老師保證不會再繼續吸毒，所以老師並沒有說不可以繼續去那裡上班啊！」

我的臉色發青。的確，我從頭到尾不曾歧視過八大行業，也並不反對小花或任何人在八大行業工作，但是小花回去上班卻騙我沒有回去上班，這才是最糟糕的地方！姑姑一臉尷尬，我也只好出言安慰說，本來同學就是在家說一套、出來做一套，我已經見怪不怪了。姑姑忙著打圓場說，小花一定是怕老師生氣，所以才不敢告訴老師。

不記得是哪一位智者說過，一旦說了一個謊言，就要說無數的謊言來掩飾這個謊言。然而，謊言總會有戳破的一天，而這種連環爆通常都會引發一連串的炸彈，最終悲劇收場。我跟姑姑見面之後的第二天一早，小花就哭著打電話來給我，又是道歉又是懺悔，但，我已經心知肚明，小花離開的時間即將倒數。沒多久，小花在地檢署採尿驗出陽性，在路上被臨檢、不敢驗尿，之後拖拖拉拉還是採尿陽性。在路上撞車被帶到警察局去，坐在客人的車上被臨檢，車上有安非他命也有咖啡包……想想這些像雪崩一樣一連串的厄運連連，都只不過是錯誤觀念、不法行為之後，注定吞下的苦果而已。

小花很清楚自己終究會被撤銷假釋，但她仍然保有最初到最後的一絲可愛，來跟我say goodbye。小花又哭又笑，又是道歉又是道謝，用光了我半包衛生紙之後，緊緊抱著剩下的半包衛生紙，說下次要買一袋來還給老師。我笑一笑，搖搖手說不用，正在吸毒品的人承諾沒有可信度，不知所謂「下一次」到底是何年何月又何時。

看著可愛可恨可憐又面目可憎的小花，我心裡五味雜陳。明明是如此可愛的年輕女生，用如此可恨的吸毒行為讓自己變得又可憐又可憎。我唯一能夠拯救她的方式，卻是她最不想要的方式，那就是撤銷她的假釋，讓她早一點關進去鋼筋水泥的監獄服刑，讓毒品的狂風暴雨不會再繼續摧殘這朵小花……。

07 折翅之蝶

【犯罪類型－毒品】

各地檢署觀護人約談室的設備都大同小異。進入走廊之後會先看到等候區，通常會有一堆桌子、椅子，讓等候的個案寫寫資料、看看宣導影片、吹吹冷氣，平撫一下煩躁的心情。然後，等約談室叫號機跳到自己的號碼，再進入自己的觀護人約談室進行約談。

對我來說，約談室其實是戰場、是醫院、是學校，而對個案來說，是刑場、是病房、垃圾場，而我是他們倒情緒垃圾的對象……。所以我非常重視我的約談室，這個環境必須安靜、乾淨、通風，不能被打擾，還隱約有一點點放鬆的精油香味。

但是，我更會在等候區提高注意力。要走到約談室的時候，會先經過一個「等候區」，我都會假裝不經意的偷看一下個案彼此之間的反應，因為這個時候的互動總是比在約談室更加真實。那些說平常都不跟人聯絡的個案，此刻正忙著「人與人的連結」，跟不同股的個案穿梭聊天、互換電話、加Line；在老師面前「請、謝謝、對不起」樣樣俱全的個案，現在三字經飆得滿天飛；每次乖寶寶模樣的個案，此刻正忙著跟其他同學大聲抱怨咒罵自己的老師呢！

這次，我又意外看到了十分吸引注意力的畫面，一個漂亮的女孩子，大大的眼睛，褐色的肌膚，完全沒有化妝的樸素打扮，穿著一條普通牛仔褲搭配簡單、甚至可說是隨便的短上衣，在簡直是刻意隱藏身材的狀態之下，還可以看得出比例相當健美。雖然個頭不是很高，但無論身材或美貌，都讓人很難忽視她的存在。但她完全沒有注意到我在看她，因為她的大眼睛正惡狠狠瞪著一個滿臉非分之想的男個案。等到那登徒子尷尬地把頭轉向別的地方，她才悻悻然回過頭來不再理他。

我在心裡偷笑那個登徒子個案簡直是活該，在地檢署踢到了鐵板。不知道大眼妹是哪一股的個案？但個性這麼強悍，應該也不是好搞的啊……等我一號一號按照順序進行約談，接近中午十一點多，我已經精疲力竭時，大眼妹進來了……這是一種胡思亂想的現世報嗎？

大眼妹有點不耐煩，但還算守規矩，把該走的程序勉為其難照著做。她一邊填寫資料一邊抖腳，沒多久，她抬起頭來問：「老師，我可以抽菸嗎？我真的、真的、真的很想要抽菸。」「你真的、真的、真的不能在約談室抽菸，甚至也不可以在地檢署裡的任何一個地方抽菸。如果你非抽菸不可，就只好讓你先出去抽完菸，等後面同學報到完畢再讓你進來！再不然嘛，妳先拿原子筆暫時假裝一下菸吧？」我這麼回答。

大眼妹一臉不可置信的表情，似乎覺得我的建議太過天馬行空。然後她突然笑了起來，把原子筆叼在嘴邊，那態度和手勢儼然是個標準的老菸槍。我正覺得奇怪，這麼年輕的小女生為什麼一副老菸槍樣兒？她剛好把資料寫完遞給我，職業欄毫不遮掩地寫著「受僱公司：巴黎夜總會。職稱：酒店小姐。」

該講的規定也講完了，眼看著就快十二點，我對大眼妹說：「酒店上班注意安全，有出場自己帶保險套。喝了酒絕對不可以自己騎車開車，如果經紀沒有辦法送你回家，至少要少爺叫安全的計程車駕駛送你回去。今天到此為止，你可以先回去了。」大眼妹繼續叼著原子筆，給我一個意味深長難以形容的表情，趿拉著她那像拖鞋一樣的平底涼鞋走了。

報到沒幾次，大眼妹就變成一屁股坐下來就不肯回家的那種個案，無論是做酒店小姐的酸甜苦辣，或者談戀愛的小打小鬧，甚至是自己、友人和客人的毒品史，可說是對我知無不言，言無不盡到令我有些苦惱。每每講到不得已只好趕她回家，趕了半天才終於肯站起來之後，還會站在約談室門口繼續講、繼續講、繼續講，堵住下一個急著想進來報到的個案。

一次機緣，我問到大眼妹的家人，她卻一反常態低下了頭，沉默良久，最後終於把頭抬起來低聲的說：「老師，我想告訴你，但是我沒有辦法現在講。」這種表情意味著值得探究的未竟事物，我給了她兩張心得報告用紙：「妳可以慢慢回家寫[9]，寫完下次老師會認真的看。」大眼妹盯著兩張白紙盯了很久，才抬起來頭嘆了口氣：「老師，就算我正反兩面都寫，也不夠用耶……」。

下一次大眼妹來報到時，她什麼話都沒有說，先默默遞給我了幾張紙，紙張上寫得滿滿的從第一行到最後一行，正面加上反面，一共足足八頁，沒有分段、沒有空白、沒有空行。

大眼妹的父母親離婚之後，跟著媽媽回到了外婆家。父親會支付贍養費，但是幾乎不曾關心或照顧過大眼妹。外婆老家非常鄉下，甚至有些窮困，但是並不至於讓大眼妹抱怨，讓大眼妹開始覺得痛苦的，是媽媽交了新男朋友，帶著她們姐妹搬到繁華的市區之後……。

跟媽媽同居的男朋友，理論上應該是新爸爸，事實上卻是一頭惡狼，總是趁著媽媽吸毒吸到不省人事的時候，偷偷摸進熟睡的大眼妹房間，用手摸她尚未發育的胸部，甚至猥褻下體。年幼的大眼妹一開始還搞不清楚發生了什麼事，總是在驚醒之後，才看到叔叔每次都壓在自己身上，覺得很重。國小高年級，大眼妹開始慢慢展現出少女的模樣，她更加覺得奇怪，為什麼叔叔三番兩次趁著媽媽不在家時候把自己叫進房間亂摸一通？甚至動不動就要親嘴。她把叔叔推開，叔叔便大吼大叫，甚至動手打人，接下來就是找各種理由修理大眼妹，挨打成了家常便飯。

同住一個屋簷下，叔叔是主要的經濟來源，無論大眼妹再怎麼逃再怎麼躲，在叔

---

9 敘事治療是後現代心理學中的一種諮商輔導學派，強調當事人才是建構自己生命故事的主人及專家。敘事取向相信文字（敘說）的力量，藉由當事人的文字及敘說自己的故事，了解自我狀態與故事中被忽略或隱藏重要事件，協助當事人統整過去和現在，重新建構賦予生命經驗意義。

叔靠近的時候又踢又打又掙扎，當然，最終還是讓叔叔找到了機會伸出毒爪。然而，當大眼妹哭著跟媽媽訴說，媽媽卻痛罵大眼妹說謊，甚至當妹妹也被叔叔侵害而求助於媽媽，媽媽還威脅著說，兩個女兒都這麼會說謊又不聽管教，乾脆一起趕出去！所以，大眼妹就離家出走了。國中都沒畢業的小女生，根本就不能合法雇用，在檳榔攤打打工，在飲料店裡摸魚兩天，就有人介紹去坐檯。

大眼妹什麼都不會，但憑藉著年輕漂亮，自然而然點檯率很高。但是當大眼妹看見那些跟叔叔一樣年紀的老男人，流著口水伸出髒爪，在自己的胸部摸過來抓過去，跟叔叔做對自己一模一樣的事，她心中充滿了恨！恨叔叔、恨客人、恨所有這個年紀對自己伸出祿山之爪的老不休，更恨自己為什麼必須對這些老男人鞠躬哈腰媚笑，甚至寬衣解帶……。最恨的是，為什麼自己的媽媽不相信自己？不肯保護自己！

大眼妹並不了解當時吸毒的母親，對毒品的需求早就掩蓋了母性，她最在乎的是有沒有毒品供應來源，至於親生女兒是不是真的被男友性侵害，並不是那麼重要。甚至，如果可以因此將男友留在身邊，也不失為一種很好的交換方式，反正也不算什麼虧本，女兒將來也是要給別人用的，又不會少塊肉，沒什麼關係吧……所以不管女兒再怎麼控訴，都不能因此得罪男友。

於是，大眼妹一方面痛恨那些跟叔叔一樣的客人，想保護自己的身體不受性侵害，另一方面卻必須出賣身體才能夠賺錢活下來。自我保護的本能與社會生存的本能互相衝突拉扯時，自尊也碎了一地。

我突然之間彷彿了解，為什麼每一次報到，大眼妹都完全素顏，穿得如此邋遢，跟夜生活工作時的華麗炫目截然不同。我想起曾經有機會欣賞過茂林的紫斑蝶。紫斑蝶收起翅膀的時候就像一片骯髒的土黃色枯葉，動也不動時，沒有任何人會多看牠一眼，然而一旦張開翅膀飛舞，黑色、紫色和黃色混合在一起閃閃發光的嬌豔，就像黑絲絨鑲滿了各色鑽石，令人永難忘懷。大眼妹之所以這麼凶悍、這麼會瞪人，跟玫瑰花必須要帶刺，是一樣的道理。

紫斑蝶是一種很脆弱的生物，必須棲息在擋風遮雨的山谷，環境中必須要有清澈的溪流，沒有污染的森林，以及充足的蜜源植物。大眼妹沒有父母為她遮風擋雨，沒有一個安全的家可以居住，反而充滿了毒品的污染和酒精的洗禮。為了活下去，地下酒店可說是一個不看合法雇用年紀、不考慮學歷、不考慮能力，就可以上班的地方。我忍不住一陣心酸，大眼妹多麼像一隻孤單且折翅的紫斑蝶，在不屬於她的都市假裝美麗的飛舞。事實上，她卻像自己的母親一樣，選擇用毒品與酒精麻痺自己。

當大眼妹又再一次吸毒，我並不覺得意外。但即使如此，也並不減少這個悲劇給我帶來的感傷。大眼妹第一次在我面前哭：「老師，我恨我自己為什麼又吸毒，但我又覺得吸毒就可以忘記這些痛苦的事情，我只想忘記一切！」

「你所說的一切，就是你如此堅強的原因，包含可以來跟老師見面。你也希望忘記老師嗎？」

「不行，絕對不行！我絕對不要忘記老師。在這個世界上，只有老師真心在乎我，肯聽我講話。雖然老師勸我去告他，我沒聽老師的，那是因為我不希望要告他們的時候又想起了以前的事，但是老師真的是我不想忘記的人。」

「既然如此，你不可能靠著毒品就忘記一切，也有很多事情是你不想忘記的。戒毒會不會是比較好的選擇呢？」

「我想戒！我真的想戒，我很痛恨那個賣毒品的藥頭！我希望他被警察抓走！這樣就沒有人可以賣我毒品了！」

「那麼，老師願意幫你，我可以問問看，有沒有檢察官願意接受你的匿名檢舉，不要讓他知道是妳檢舉他，然後讓他被抓走，妳也去戒毒好嗎？」

「老師，藥頭知道我家住哪裡，我會害怕啊……」

「不用怕，檢察官不會出賣你。如果妳擔心的話，老師也會陪妳。就算檢察官說開庭老師不能進去，我也可以在檢察官跟妳談完之後，在外面等妳。」

「老師，你保證會陪我嗎？」

「當然！」

我想盡辦法找檢察官幫忙，檢察官也同意做檢舉筆錄，承諾會為大眼妹的身分保密。但是，大眼妹放了我鴿子。她不見了。她就像人間蒸發一樣地消失了。手機不通，通訊地址是租的，沒有回去戶籍地，找不到人，也找不到任何可以聯絡的緊急聯絡人。

大眼妹在法律上是一個必須撤銷結案的案件，在我的記憶裡，是一個必須刪除的傷感回憶。不幸的是，十多年來，我不知為何陸陸續續浮現關於她的記憶。每當有人說，「毒品是無被害人的犯罪」[10]，我就想起大眼妹；每當有「家內性侵害」[11]案件出現，而最近的女性親屬又否認犯罪，我就想起大眼妹；每當有人說，性侵害案件又不會少塊肉，何必判得這麼重，我又想起大眼妹。

但是，我不敢問，不想知道，也不願探究大眼妹到底在哪裡。我只希望折翅的紫蝶能夠再重新飛舞，無論身在何處。

---

10 犯罪學家貝道（Hugo Adam Bedau）針對無被害者犯罪提出四種特性：一、參與犯罪者都出於兩廂情願，二、參與犯罪者都不願訴諸法律，三、參與犯罪者都認為自己沒有受到傷害，四、犯罪具有交易本質。

11 家內性侵害（Intra-familial sexualabuse）經常被稱作「亂倫」，指發生在家庭成員間的性侵害行為，包括強暴、猥褻、強迫他人目睹性行為、觀看色情影片或拍攝裸照等。根據內政部家庭暴力及性侵害防治委員會統計，家內性侵的案件約占總性侵案的百分之十五。

08 良（狼）人

【犯罪類型－性侵害】

最高學歷是博士，台灣一流頂尖公立大學畢業，出國留學，一百七十五公分，斯文的長相，沒有刺青。工作經歷是在補習班教書、在學校兼課、在大公司當經理，人生勝利組。

有一個漂亮老婆，兩個兒子。

還有一個同居的小三。

還有一個小四女朋友。

還性侵小三的朋友……。

看資料以為是良人，其實少了犬字邊，是披著人皮的狼人。

性侵犯在監獄都會做身心治療，心理師寫了不少資訊，評價都很正面。他會侃侃而談自己的學歷、經歷，還有出國留學的歷史，說自己是英國牛津大學的博士，後來又去美國留學了一陣子，然後才回國在大公司擔任經理。他對於歷任女朋友以及婚外情和性關係，都毫不避諱的坦白承認出軌外遇腳踏多條船，但是，他堅持說自己沒有性侵！

但，怎麼看怎麼覺得奇怪。我計算了一下他的年齡和出國留學的經驗，再配合上就業的年紀，怎麼兜也兜不攏。難不成有跳級嗎？博士學位至少要念個四五年吧？怎麼這麼快就回來上班了？而且大學念的科系跟出國留學的科系並不一樣，能夠這麼優秀轉換跑道的傑出人才並不是沒有，但是這麼快就能學成凱旋歸國嗎？

第一次見到這個個案，他表現得彬彬有禮，態度配合。我滿懷著各種疑惑，小心翼翼地沒有表現出來。我照章辦事，他也有問必答，直到我突如其來用英文問他當時在英國住哪裡？專長的領域是什麼？他呆住了，好像完全聽不懂我在說什麼。接著，他打算化解自己的尷尬，自問自答地說，「老師，我已經在監獄裡面待很久了，沒有人有辦法跟我講英文，大家的程度都不好，所以我的程度也跟著下降了！」

就我的評估，能夠在英國讀博士，至少可以用英文跟人對罵，甚至搞不好作夢都會是英文。雖然他給我一個完全不合理的解釋，但也無妨，我用台語繼續追問，在台灣當經理的工作內容是什麼？他一下說教育訓練，一下說銷售產品，一下又說協助總經理。所以工作地點在哪裡？又都講得不清不楚不明不白，一下台北，一下台中，一下又有高雄。

我什麼話都沒有回答，重重地把資料闔上，就差沒有拍桌。沉默了很久，我給他最鐵青最嚴肅的臉色，凝視著他不斷轉動的眼珠以及不安的神情……然後，我用盡丹田的力量，發出畢生最低沉的聲音下達命令「你要掛電子監控！你要宵禁！你要到管區簽到！你要加強報到！所有的命令你一樣都不能少！只要有任何一點違規，我就馬上送撤銷假釋讓你回監獄！」一他忙不迭地連聲是是是，老師我一定會遵守規定。

但我前腳還沒有離開門口，背後就傳來誇張無比的嘆氣外加跺腳聲。沒有多久，我就接到他母親的電話，拜託老師可不可以不要掛電子監控，不要有這麼多規定，不要這麼嚴格等……，我把所有的原因和理由說了一遍，媽媽心平氣和地接受了，也承諾會好好說服他遵守規定。透過電話，我似乎聽見了熟悉的嘆氣聲。

照道理說，一個成年男子應該會很希望在離開監獄之後趕快工作賺錢，絕大多數的個案都是這樣，一方面可以經濟獨立，二方面重拾信心。但是他完全沒有要找工作的意思，沒有打算重回職場，也沒有其他專長，也沒有什麼未來規劃。就連我直接問他怎麼不跟以前同事聯絡，重新開始工作，他也是笑一笑說：「很久沒聯絡了啦……」就這樣輕描淡寫地帶過了。

更奇怪的是，離婚後對於前妻漠不關心或許可以理解，但入監這麼多年，對於兩個兒子，也完全沒有想聯絡或探視的意願。問他為什麼？他只有聳聳肩微笑地說，「就沒有想要去看啊……」。不想在乎小孩的死活，反倒很快就找到了新的女朋友，沒多久兩人就在一起了。而且這個新的女朋友，也不是條件差勁以至於沒有對象可以選擇，她是在銀行工作的行員，外表看起來更是美麗迷人，甚至也知道性侵犯的前科。我真的不明白為什麼這個女生願意跟他在一起。

因為性侵犯裝了電子監控設備再加上宵禁，他每天都要在晚上十點乖乖待在家裡，到第二天早上六點以後才能出門。這位在北部工作的女朋友，甚至為了他，向銀行申請調到南部來。只不過，一時半刻調動不來，只好每個星期五晚上坐高鐵奔到他家，星期天晚上再坐高鐵回台北。所以察看性侵犯的監控軌跡路線圖，不是去高鐵站，就是去各大餐廳或者飯店、咖啡店甚至是休閒會館，日子過得悠閒自在，比起忙得暈頭轉向的觀護人還要愜意許多。更精彩的是，沒有工作、沒有收入的他，只要有消費，全都刷女友的副卡！我這輩子都還沒有人申辦副卡給我刷過，這傢伙真的令我大開眼界。

在家的時候，更是讓我嫉妒得切齒扼腕。他優哉游哉地住在媽媽名下沒貸款的高級大樓，早上起來用磨豆機磨咖啡豆，喝咖啡，看報紙，坐在花梨木光滑的仿古座椅，把兩條長腿蹺在精緻的大理石茶几上，身旁還有一台高級電動按摩椅。當我去他家調整監控設備的時候，剛好是他享用完咖啡，滿屋子瀰漫咖啡香的時刻。我無法克制地在腦海中把他家的裝潢跟我家簡陋的布沙發做了比較……想到我還有二十年的房貸，簡直要悲從中來了！

多年經驗告訴我，想要了解個案的生活和真實個性，其實很像剝洋蔥，必須一層層由外往內探索，才能慢慢接近他的內心。我可以有這樣的耐性，也可以有這樣的執著，甚至可以忍受在這過程中淚流滿面。但是對於他，我卻看不見任何一層可以探索的地方。他就像一團迷霧，既不得罪我，又不跟我說實話，我卻感到一股厭惡感油然而生。我常常反省自己，這樣其實很不專業，但我又忍不住覺得，這或許是每一個正常人遇到反社會人格時，自然而然產生的自我保護機制。

為了不讓自己陷入自我懷疑的泥沼，我開始抽絲剝繭，想盡辦法尋找可以解釋的方向。我試著跟他母親深談，得不到答案；試著跟他女友聯絡，性侵犯拒絕；好不容易終於找到他前妻的電話號碼，苦苦哀求前妻不要因為聽到他的名字就掛我電話，好說歹說，前妻終於願意告訴我過去的事情。前妻的聲音聽起來優雅又有教養，她深深嘆了口氣：「觀護人，你想知道什麼，我會坦白跟你說。但是請你絕對不要告訴他我跟你說了什麼，因為我這輩子，絕不想再跟他有任何瓜葛。」

原來，前妻一開始的時候也沒有任何懷疑，兩個人很快就認識結婚懷孕生小孩。慢慢地，她發現這看似完美的良人從來不負擔家用，雖然每天穿著筆挺的西裝提著公事包去上班，可是從來沒有拿過一毛錢回家付水電費、養小孩。問他上班的內容，還總是顧左右而言他。

所以，兩個小孩出生後沒多久，前妻就打算跟他離婚。結果他藉此堂而皇之地搬了出去，小三小四小五……女朋友從沒斷過。發生了這起性侵害案件後，他才打電話告訴前妻，希望從頭來過。前妻覺得他只是為了在訴訟過程中利用太太的證詞，所以幫他打完官司就離婚了。至於去英國留學這件事，前妻非常疑惑地反問我，他上班的那段期間確實有出差到國外，但並沒有出國留學，怎會說他有出國留學呢？掛上電話，我的太陽穴傳來陣陣刺痛。我用手指用力按壓到指節泛白，仍然無法減緩這種刺痛。前妻證明了我所做的一切輔導、關心、約束其實都是徒勞無功，我唯一能做的努力，就只是盡可能延緩他再去傷害下一個無辜女性而已！

然而我相信，此時此刻，我就算告訴他現任的銀行大美人女朋友「他就是一個寄生女人，利用女人，沒有良知，說謊不會臉紅，作惡不會心虛，蠶食鯨吞女人，殘害女人的身體心靈金錢以及性關係的反社會人格！」這位女朋友也不會相信我的。然而，我也只能在假釋這段期間勉強壓著他，雖然知道他在我面前假裝乖乖牌，結束假釋之後，仍然必須讓他回復自由之身。

念國中的時候，上國文課我們都被要求背課文，尤其是古文。印象深刻的是《孟子》有一篇〈離婁・下〉[12]，文中寫道：

齊人有一妻一妾而處室者，其良人出，則必饜酒肉而後反。其妻問所與飲食者，則盡富貴也。其妻告其妾曰：「良人出，則必饜酒肉而後反；問其與飲食者，盡富貴也，而未嘗有顯者來，吾將瞯良人之所之也。」蚤起，施從良人之所之，遍國中無與立談者。卒之東郭墦閒，之祭者，乞其餘；不足，又顧而之他，此其為饜足之道也。其妻歸，告其妾曰：「良人者，所仰望而終身也。今若此。」與其妾訕其良人，而相泣於中庭。而良人未之知也，施施從外來，驕其妻妾……

當所仰望而期待終生的良人，卻像一頭無恥乞討喪食的浪犬那般，的確值得妻妾相擁痛哭。我想，當所仰望而期待終生的良人，其實是一個寄生群體且攻擊同胞的狼人，那麼，妻妾所泣就不只是淚是血了，還有生命，因為，他還處於你我之間……。

12 〈齊人有一妻一妾〉一文出自《孟子》〈離婁〉。

09 黃絲帶

【犯罪類型—殺人】

美國有一首非常知名的鄉村歌曲叫〈黃絲帶〉[13]，內容唱的是服刑三年出獄的先生，擔心太太不願接納他回家，於是出監前先寫信告訴太太：如果你還要我，請在門前的老橡樹上繫上一條黃絲帶。如果我看見黃絲帶，就知道你歡迎我回來。如果沒有看見，我也會識趣的離開，不會打擾你們的生活。這首歌真實傳達了個案出監後的複雜心情。

13　由Tony Orlando and Dawn主唱的美國著名鄉村歌曲“*Tie A Yellow Ribbon Round The Ole Oak Tree*”（老橡樹上的黃絲帶），於一九七三年發行。

就實際狀況來說，在監獄離婚、被離婚，或者根本不知道已經被離婚而老婆就已經不見了的個案，佔了絕大多數，更別說之前與伴侶生下的小孩到底認不認得自己，肯不肯叫自己一聲「爸爸」，都還是很大的問題。因為看過太多人倫悲劇與關係斷絕，所以在個案假釋後跟觀護人見面的第一天，我通常都會了解一下個案家裡目前還剩下什麼人，免得在人家的傷心處發言不當，成了傷口上灑鹽。

尤其是長刑期的個案，就像阿輝，殺人關十年，過去跟另一半再怎麼樣的濃情蜜意，恐怕都已化為灰燼。阿輝提起家人時感覺有點遲疑，我正猶豫不知該用什麼方式問會比較得體，他竟主動問我：「老師，那個，那個啊……我太太在外面，她很想進來。但是她不敢說，啊……她可以進來一下嗎？」

當然可以，我歡迎都來不及！語音甫落，就看到一位纖細羞怯的中年婦女，打扮得素雅得體，從門後面探出頭來。我招呼她在阿輝身旁坐下，再三表示歡迎。這不是出於應酬，而是專業與私心混合的真正歡迎。因為越是了解個案的家庭支持系統，越能深入觀察到個案實際的生活。尤其親密伴侶之間的互動，最能突顯出一個人的人品。

然而，身為女性觀護人，面對大多數個案都是男性，要減少移情作用，又不能失去他們的信賴，更希望避免女性家屬的誤解，所以我最需要的支持者，就是個案的太太或女朋友與媽媽，她們是我最想要拉票的對象。多年的經驗也證實，這一票最值得用心用力去爭取，永遠都會值回票價。

阿輝非常大男人的笑看著我，一邊用手指著老婆：「啊……這咧，就愛哭愛對路。我哪出門，就說之前就是因為沒有把我看好，所以才會出事。現在我好不容易出來了，以後不管我去哪裡，她就要跟到哪裡，連報到也要跟啦！我就讓她先來看看，以後就不用跟來了！」那隻手指隨著話語張開變成手掌，順著老婆的頭髮輕輕撫摸著老婆的頭。太太雙手緊握放在膝蓋上，什麼話也沒說，只露出了嬌羞的笑容。她既沒有退縮，也沒有緊張，更沒有害怕這樣的接觸。我看見了一股暖流傳遍了小小的約談室。

正式會談結束後，個案依舊非常大男人的站起身來就往門口走，太太小鳥依人的跟在個案後面。我忍不住叫住她：「阿輝太太，歡迎妳每一次都陪他來，老師很高興看見妳。以後阿輝旁邊的位子只有妳可以坐，如果他敢帶哪個女朋友來，老師一定修理他！」個案頭也沒回，大聲哈哈哈笑地走了出去。太太笑靨如花綻放，一樣什麼都沒說，對著我深深一鞠躬，輕輕走出約談室。

每一次會談，太太都陪著來，偶爾才會講個幾句話。無論會談多久，都是我與個案在談話，太太通常睜大眼睛看看個案又看看我，有時懷裡還抱著一隻乖巧的馬爾濟斯。雪白的小狗一樣安安靜靜坐在女主人腿上，一點兒也不躁動，睜著圓圓黑黑的大眼睛，望望女主人又望望男主人。我稱讚狗兒很有教養，個案笑著張開厚實的手掌，輕撫著太太的後腦勺：「啊這丟一咧對路不夠，還要搞一條狗來對啊！」

太太微笑望向個案，小狗順著女主人的動作，把鼻子伸向男主人的方向，吸了吸空氣裡的甜蜜，仍然安靜地坐著等待。如果等待能夠換來幸福，這可能就是愛情真正的模樣。更加完美的是，雖然年屆中年，而且之前混幫派搞兇殺，但個案這回真正的金盆洗手，認真學習做水電配管，憑藉著聰明腦袋與踏實工作的態度，不到一年就已經可以獨立施作高壓電線。這讓已經讀大學的兒子對老爸完全改觀，從原本不敢不願告訴同學自己有個坐牢的父親，到興高采烈帶著女友回家跟老爸吃飯。

如果〈黃絲帶〉這首歌能唱到結束最是美麗。可惜，我必須忠於真實，把故事說到最後。我永遠無法忘記個案該報到的那一天，太太在門口徘徊了許久，直到我喊到個案的名字，她才走了進來。她兩眼紅通通，頭髮有些凌亂。她不肯坐下，直接塞給我一張紙，那是個案的死亡證明書！

我簡直必須拜託太太坐下來。這次她細弱而堅強的語絲交纏著眼淚，綿綿不絕。原來個案在操作高壓電時，不慎被電到而從高樓墜落。但因為是一個人作業，所以直到下午五點半，其他人下工了才去找他，遺體早已冰冷多時。所以，連他有什麼遺言都不知道。太太只能無奈地將他火化入塔，等待今天來代替他報到。

老實說，身為觀護人，面對個案的死亡早已習以為常，還常常遇到家屬對於個案死亡的心情是鬆了一口氣。但這次不一樣，我從來不曾這麼做，希望未來也不要這麼做：我直截了當地詢問太太：「你覺得，阿輝會希望老師去看他嗎？」她睜大了秀氣臉龐上圓圓的眼睛，像之前一樣，什麼話都沒有回答，只是用力點頭。我說，好，明天妳帶我去靈骨塔。

那是一個炎熱的暑假，我身邊還跟著青春洋溢的大專實習生。我想學校並沒有說，實習的內容會包含靈骨塔這種項目，我可把單純的大學生給嚇壞了。所以，我告訴實習的小女生，可以不用去靈骨塔。沒想到小女生竟鼓起勇氣說她要跟到底。在走路都有迴聲的靈骨塔裡，我一身藍與黑，實習生穿著素淨的衣服與布鞋、睜著圓圓黑黑的眼睛，安靜而有教養地走在我的左後方兩步距離。

太太帶著兒子恭恭敬敬幫我們點了香，她雙手高舉線香、在骨灰罈前輕聲招呼：「阿輝，老師來看你了。老師還帶了一個她的實習生一起來看你。老師知道你很掛念報到的事，所以特別跑這一趟，你要保佑老師跟她的實習生平平安安健健康康啊……」我無語持香默禱，接著交給實習生，請她替我唸出昨晚難眠寫下的「祭文」。

小女孩青春傻氣的聲音把祭文唸得坑坑疤疤，一點也沒有感人肺腑的氣氛，但在一旁雙手合十的妻子早已泣不成聲。而蹲在父親骨灰罐前的兒子，滾燙淚水一滴滴落在地面上，用跟小女孩一樣青春傻氣的手，不停撫摸父親骨灰罐上的名字，彷彿用盡他年輕生命的力量去撫摸，就能再度感受到父親的溫暖。

活的時候，阿輝是個殺人犯、混黑道的；死的時候，阿輝是個工人、養家活口。從每次的約談中我很明白，他把原本好勇鬥狠的靈魂完全洗滌了，他希望能修補與家人的關係。但是，他不懂怎麼溫柔，老師教他；他不懂怎麼講話，老師教他；他不懂怎麼教導兒子，老師也教他。我相信，現在站在三途川口準備渡河的靈魂，光潤、潔淨而美麗。

走出塔外，看著灰白紙錢隨著熱氣流轉著圈飛向藍天，我彷彿也看見阿輝假釋出監的那天，穿著監所的標準配備白汗衫、短褲加上藍白夾腳拖，一手提著車縫藍邊線的透明長方型物品袋，另一手緊緊牽著太太纖弱的小手。當時辦完了手續也快接近下班時間了，兩個人四隻手晃著晃著，夕陽斜照，在地面上暈開了繫在一起的兩個影子。就這樣，兩個影子成了一個，而兩個人也一體同心，成為一個人。

阿輝講話多半粗魯土直，既不浪漫也不時興「我愛你」這套，但「牽手」就是「牽手」啊！多麼美麗溫暖的畫面，我打從心裡微笑了起來，卻感覺自己的嘴角並沒有上揚，反而必須抬起頭，以免眼眶裡的熱流轉著圈滑向地面。今天已經有太多眼淚了，我的悲傷在此顯得微不足道。

【祭文】

不管誰說了什麼溫柔的話語，其實都沒辦法安慰失去丈夫的痛苦。因為對女人來說，這是失去一生最重要的支柱，尤其是，十幾年來她守著家、守著孩子、守著屬於阿輝妻子的身分，痴痴地等著你終於假釋回家。

你們夫妻一同報到這麼久了，許許多多的小動作和感覺，老師都看在眼裡。不曾說出口的是，老師很清楚你是愛著太太的，那天發生意外，你一定也感到痛苦和不捨。如今你走到另一個世界，是以一個負責任的父親、愛妻子的丈夫、守規定的同學身分，光榮而有尊嚴的離開，留給大家的是懷念，而不是責備。對於一個很容易就選擇回頭路的浪子來說，老師非常清楚，這是多麼艱辛的道路，你用毅力和決心證明了，也讓孩子能夠看著父親的背影時，能引以為榮。

當老師這麼多年，遇到許多同學離開人世，但老師不曾去捻香，原因有很多。但是，這次與其說為了阿輝，還不如說是為了你的太太美美。老師希望來完成最後一次訪視，不用老師碎碎念，你一定會在天上好好保祐太太和孩子。老師祈禱將來有了你的保祐，美美能夠找到屬於她更幸福、更快樂的生命，而屬於阿輝的生命，現在劃下一個負責、顧家的光榮句點。我不知道有沒有來生，如果有來生的話，你帶著今生獲得的智慧，想必能夠走得更順利，更體貼，讓來生的牽手更加幸福。

受保護管束人盧阿輝（化名），原訂保護管束期間至一〇六年八月六日期滿，自一〇三年七月十六日起，原訂期間視同期滿。

橋頭地檢署觀護人唐珮玲敬上

10 龍紋身的男子

【犯罪類型－黑道組織】

初次見面他就令人印象深刻，態度中規中矩，該有的步驟全不馬虎，一直到報到中期，都是如此。他的語調慢條斯理，禮貌周到妥當，即使是想要求自己的權益，也會在適當的時機用適當的說法，一點也不唐突，讓人覺得合理而不得不同意。我們很難把「不卑不亢」這句成語套在報到同學的身上，但他卻再適合不過了。

從外表上看來，沒有任何江湖味，絕對不像電視電影演的那種一臉冷酷，成天都穿黑衣戴墨鏡，看不見表情的那種人。他報到的時候，甚至還會特別帥氣的打扮，腋下夾著手拿包，穿著深色西裝褲和乾淨的休閒鞋。最吸引人注意的，是他每次都有不一樣的花襯衫，我真不知道從哪裡能買來這麼古早風味的花襯衫，很像電影「海角七號」馬如龍飾演的民意代表主席的襯衫。我更不知道，為什麼這樣的襯衫穿在他身上十分得體，顯出中年男子的「緣投」加「漂撇」。只有不經意之間，透過花襯衫半透明的位置，才會看見他的背後刺滿了龍虎紋樣，是那種最傳統、最日本風味的老派江湖刺青，滿滿一片——就像他的前科史。

阿龍是真正混過道上的，懂得分寸。他從很年輕就開始混，應該說是國小高年級就走上了江湖路。犯罪就是阿龍的日常，而我們所謂的「不正常」，就是他經年累月的習以為常。除了毒品不怎麼愛自己吸之外，買賣毒品、放高利貸、開酒店、賭博、收規費、電動玩具間樣樣都來。

如果我不問，阿龍不會主動說些什麼，但只要我一問，阿龍從不介意告訴我他過去的生活。而且他似乎有一種使命感，想要澄清黑社會並不像電影所演的那個樣子。阿龍既老練又事故，很明白這是兩個完全不同的世界，所以，他知道我不明白那個世界的邏輯，他會很仔細、很誠意、很認真的跟我解釋：打打殺殺只是工具，最主要的工作是「喬代誌」。

早期生活中有糾紛的時候，許多民眾不會去尋求正規的法律途徑解決，而得靠黑道「喬代誌」。有時是債務糾紛，有時是婚外情，有時是某一方自認被侮辱的不滿，這種時候就要靠他們出馬「喬代誌」。這種狀況能夠獲得的「禮數」[14]並不多，金額較高也比較重要的，是涉及黑道利益之間的擺平，還有地盤界線的糾紛。阿龍參加過非常多次這樣的「喬代誌」，但他不是主角，這種事得找「神主牌」出來才有用。阿龍跟隨的老大在黑道的地位崇高，這樣的輩份才能夠主持相當金額以上的事情，雙方人馬、甚至三方人馬也才有可能買老大的帳。

「喬代誌」通常約在餐廳或中介地帶，盡量避免直接到對方的場子，減少挑釁的意味。這時候必須全神貫注，尤其各路人馬都是黑社會的時候，其實氣氛非常緊張，也相當戲劇化，一言不合，該丟杯子、摔盤子、拿西瓜刀出來把桌子砍成兩半的，就是阿龍！但是什麼時候該丟杯子、摔盤子？其實要看老大的臉色，因為在這種緊張的氣氛之下，老大不可能直接發號施令叫阿龍做什麼，阿龍必須自己判斷這種時候應該要攻擊還是防守。

14 其實就是雙方或理虧方要支付的金錢，價碼依事件輕重與請來道上兄弟的等級不同而異，很難有標準可言，有時為了賣人情或經營關係，也有道上兄弟會免費處理，事後當事人必須請客或償還人情。

而且，談判時心理狀態與氛圍十分微妙，雙方都知道彼此具有足夠殲滅對方的武力，也知道這一頓砍殺多少會增加彼此的損傷，甚至引來不必要的白道介入，可是又不能夠表現得軟弱，被對方看輕。所以，既要避免實際上爭執，又必須要自我膨風，讓對方覺得可怕，這實在需要巧妙拿捏得恰到好處。老大心中自有一把尺，阿龍則是第一男配角，在旁邊要看氣氛、了解老大的意向，適時喊打喊殺，然後被老大兇猛的嚇阻，低頭回來繼續站崗，裝兇神惡煞。萬一不幸真的發生衝突，也要做好斷手斷腳的心理準備，在刀光劍影之下，替老大砍出一條生路。

所幸，砍斷手腳的日子並不常發生，阿龍四肢健全，頭腦清楚。如果順利搞定這場「喬代誌」，還得替老大張羅事後，例如叫小弟拿謝禮兼封口費給餐廳老闆或場主；金額則視搞破壞的程度與危險性而定，太多則破壞行情、太少則容易出事，拿捏之間頗需智慧。

大多數的時候，黑道跟白道一樣都在「拼經濟」，既然出來混，總要混出點名堂，而財富就是實力。混的時候，阿龍在賭場一擲千金，到底金額有多高？他微微笑說，「大概也有個百吧！」當然不是幾百塊，是幾百萬！算算那時可是民國七八十年左右，公務人員的薪水一個月大概是一萬多二萬，台北市文山區的一間房子只要五十萬，那以百萬之數來說，如果錢滾錢利滾利，現在說不定等於上千萬了！我控制不住吃驚的表情，問他怎麼能賭成這樣？他只是淡淡的微笑，聳聳肩：「總是要互相交關，大家場面要好看啊！」好吧，那種不把輸幾百萬看在眼裡，一笑置之的態度，也的確算是夠氣魄！

若說風流浪子總有女人為他心碎，他也能算是一位。混道上時交往的女性常常來自酒店或風塵，一個換過一個，到底有多少，數也數不清。其中一位最特別，還曾經陪著他來報到，甚至進到約談室來跟我打招呼。這個女人一身素服，氣質優雅，吃齋禮佛。當她還是女孩時，並不是很了解阿龍在道上混，兩人算是同鄉。阿龍也是一往情深，曾為她考慮金盆洗手，不過抵擋不了道上的誘惑，平凡的生活終究無法讓浪子回頭。當女孩慢慢變成女人，兩人分分又合合，最後女人告訴他已經下定決心要入佛門，他無言以對、無法阻止，因為隔著會客板，他正在監獄服刑。

雖說兩人的情感昇華成另一個層級，但其實阿龍心裡總有一份虧欠，所以脾氣暴躁的他，唯獨對她不願大聲，即使她輕易把他種了好久的心愛蘭花四處分送給道友，阿龍也只能摸摸鼻子認了。

我一直以為這種安穩慢活穩定報到的日子會持續到畢業，眼看只剩個位數的日子就要期滿，結果，那天阿龍是用衝的進入約談室，一開口就急忙說：「老師，我有很重要的事要跟你說！」果不其然，事情真的很嚴重，跟毒品有關！還被警察抓去在派出所關了一夜！一向穩重的他，難得把話說得焦急快速。話說從頭，阿龍兩個月前交了一個新女友，年近半百跟他很相配。這個女友一頭美麗的長髮，隔一天就得到美容院報到一次。兩人在朋友的牌局上認識沒多久就愛得火熱，女友隨即搬到阿龍家裡與他同居，反正透天厝大得很，又只有阿龍一個人住，也未免太冷清了！白天工作時，女友常當起「隨車小姐」陪著阿龍出門，很快就和一起工作的妹妹成了一家人。女友看起來很溫柔，嘴巴又甜，阿龍的家人朋友見過都讚不絕口，催著老大不小還單身的阿龍快點成親吧！

阿龍也想啊，但實際動作卻慢了半拍。沒多久，女友向他借了些錢就不見人影。阿龍有些不高興，告訴了共同認識的朋友，後來很快輾轉得知女友是懷孕了，錢拿去看市區一家有名的婦產科。阿龍一聽馬上想去探視，同時暗喜有後了。不過，打電話給女友，卻傳來了壞消息。女友說，她安胎不成已經流產，因為不想讓他看到憔悴的樣子，堅絕不讓他探視。阿龍怎麼能依？衝到婦科查了半天，就是沒有女友的名字。

女友又說，不想讓他擔心，所以轉院了。沒有多久，女友重回阿龍的身邊，錢當然沒有下文。但阿龍不在意，家人也認為即使流產，還是應該成家給女生一個名份，流產只不過是因為女友年紀比較大而已。阿龍也同意了，只是動作還是慢了半拍。

後來阿龍發現女友常常不在家，打電話都找不到人，憂形於色的他無意之間發現，女友背著他向妹妹借了一大筆錢！事已至此，再多的情愛都成了恨。他急忙找女友索討向妹妹借的錢。女友總是一再保證會還、一再跳票、一再失蹤，最後一次女朋友接他電話的時候，阿龍大怒地在電話中狂飆三字經，放話修理對方。次日，阿龍到路邊攤喝酒吃飯，附近分局的警網突然出現，指著他從來不上鎖的破車問：「這是你的車嗎？」阿龍的車上竟然出現兩小包毒品！他暴跳如雷，怒急攻心，甚至動起手來。警察當然不容許他妨礙公務，當晚就被上銬留在警局過夜。第二天妹妹流著淚保他出來，他堅信這絕對是女友陷害，決心找女友討回公道。

也許是幸運，第二天下午就是報到日，他一肚子苦水全往我身上倒，說著說著阿龍竟然哭了：「我一生中，有做的就一定認，沒做的我絕對不擔！」男兒有淚不輕彈，尤其是道上兄弟會在年輕的女觀護人面前哭出來，不只因為事態很可能危及到他的假釋是否撤銷，更源於長期累積的受騙、無奈、無助和怒火。阿龍拼了命把眼淚逼回去，卻仍然止不住眼淚又滑了下來。我遞給他衛生紙，阿龍卻連衛生紙都不肯用，用衣服胡亂地擦過，好像顯得比較英雄那樣。

我並非全然相信他，但這種態度的確有值得研究的空間，尤其驗尿結果接連三次都是正常，讓我決定在合法的層面上盡量幫助他。但我實在無法阻止他烙話要女友好看！好說歹說都沒效，逼不得已，我也對他放話：「看在我的面子上，你要讓她好看，也等確定撤銷假釋後再幹一票，才划得來吧！」他停了半晌，害我心臟噗通噗通跳個不停，心想這哪是司法人員該講的話？根本就是大姐頭在放話！但，再多後悔也來不及了！沒想到他竟然說：「好，老師說了算。」呼……。

事隔多月，他終於收到了不起訴的處分書，事情順利解決，也不會被撤銷假釋。他倒還記得我交待的話，收到任何司法機關的通知，都要馬上打電話通知老師。我忍不住問他，是否還想找那個前女友算帳？他又回復成那個慢條斯理的人，笑著說：「免啦！」我終於能結案了。

阿龍的卷宗一直塞在我擠得滿滿的鐵櫃裡，始終都不能清出來，現在總算能順利歸檔了。可是，這個人卻一直留在我擠得滿滿的回憶裡，不知何時才能歸檔。

11 丁蘭

【犯罪類型－毒品】

還沒有見到丁蘭[15]本人之前，我就先接到丁蘭媽媽的電話，說明天的報到丁蘭沒有辦法來，因為他假釋離開監獄之後，馬上找到了保全的工作。他很認真工作，也不

15 此篇主角為化名，典故出於《二十四孝》。丁蘭是東漢時期人物，相傳他年輕時並不孝順，父親早死，由母親養大。丁蘭每日在田裡工作，到了正午時分，母親就把午飯送到田裡給他。不過，丁蘭對母親態度非常差，母親無論過早或過晚送飯來，都會遭到責罵。後來丁蘭到學堂讀書，得到夫子的開導，決心改過自新。次日，母親為丁蘭送飯來，丁蘭正要道謝，卻忘記放下手中的鞭子。丁蘭母親以為丁蘭要鞭打她，緊張得跑了出去，誰知一頭撞上梨樹而死。於是丁蘭將梨樹的支幹砍下，請工匠刻成母親的樣貌，以作紀念。「丁蘭刻木」成為了後世華人為故親立神位的典故。

敢告訴老闆有前科，所以明天要上班，不能報到。

這個理由，不合法、不合理也不符合常情。報到是假釋的最重要條件，任何事情都必須以報到為優先，這是每一個個案都知道的金科玉律。在我這一股，第一次報到就有膽子不來的比率，大概只有百分之十；而且連打電話給觀護人都不敢，還叫媽媽打，而媽媽竟然也真的幫他打了這個電話，這比率只有百分之一。

我很嚴肅地告訴媽媽：報到是不容許請假的，更不容許家人替他打這種請假電話。除非他今天住院嚴重到連話都說不出來，否則請他自己面對老師。再者，就算要打電話，也應該由他本人親自打來，畢竟犯法的人是他，不來報到撤銷假釋的也是他，媽媽不需要幫他做這種小學生才需要做的事。

媽媽唯唯諾諾地答應，但又細細碎碎抱怨了好久，簡單來說就是一句話：老師怎麼這麼不通人情！寶貝兒子這一次出來之後比以前乖，老師應該要幫忙他，不要這樣麻煩報到才對啊！媽媽的反應讓我有點煩躁，但又不好說些什麼，畢竟沒來報到的人是丁蘭，又不是丁蘭的媽媽，所以我想等本人來了以後，再來數落他也不遲。

丁蘭本人終於出現。八月的大熱天，他穿著整套保全公司的深藍色長袖長褲制服，高領襯衫、脖子上緊緊繫著領帶，手裡還拿著保全制服的帽子。約談室裡，地檢署強力放送的冷氣絲毫沒有減緩他一直飆出來的滿頭大汗，深藍色襯衫的背後與腋下已經浸潤成黑色。他一邊用手背抹掉額頭上的汗水，一邊彬彬有禮的說：「老師對不起，我急著回去上班。」屁股才剛坐下，就馬上準備要離開。

我連忙阻止他：要早點走可以，先去驗完尿，不差你這十分鐘。丁蘭馬上態度一百八十度大轉變，他突然一點也不著急上班快遲到了，對著我雙手合十開始哭訴、求情、拜託、懇求：「老師，我今天可不可以不要驗尿？因為今天不方便啊……」

所謂的「不方便」，到底是什麼時候、跟誰、吸了多少毒？你最好給我從實招來！（我的內心小劇場彷彿出現包青天的主題曲，不知道自己是不是黑著一張臉？額頭上慢慢浮現半月的光環？）我看不見自己的臉色，但我看見他的臉色由紅轉黑，唇色變得慘白，他低下頭囁嚅的說：「我出來的那天就先去找朋友，沒有用很多啦……就買了一些四號而已……。」

什麼叫「而已?!」假釋出監第一天就犯罪，報到第一次就違規，還沒有見到觀護人，就先找媽媽幫忙說謊話，見到了我還繼續直視著我的雙眼說謊！我緊緊握住手中的原子筆，壓抑著即將爆發的怒氣，把戒毒中心的資料拿給丁蘭。一一講解完，再把撤銷規定又從頭講了一遍。我明明知道他根本沒有在聽，卻還是忍住火氣說明；我明明知道他根本毫不在乎這個假釋，卻還是要完成法定職掌，進行撤銷程序的準備。我當時早有預感，最終的結果就是把他送回監獄裡，但我卻不知道，「暗黑版」的中國二十四孝丁蘭，最後會橫跨西方變成《伊索寓言》的故事。

我常常覺得，觀護人是一種生於絕望、死於希望的悲傷工作。因為希望個案能改好，去做了許多看不到結果的努力，而埋頭苦幹工作的結果，往往只換來滿心的挫折，個案仍執意走犯罪的回頭路。所以越是抱著希望，越是容易感傷；如果一開始就絕望，反而不會失望。

但儘管我是如此想直接放棄丁蘭，卻仍然希望他有戒毒成功重新回到社會的可能。於是，我主動跟丁蘭媽媽聯絡，希望能協助他戒毒。丁蘭媽媽也同意跟我見面。但她要求不在家裡談，理由是，白天的時候她都在辦公大樓做清潔打掃，只能趁空檔在工作地點跟我講話。為了配合媽媽的工作時間，我也只好在艷陽高照、中午十二點的休息時間，餓著肚子等在丁蘭媽媽工作的大樓外。

等了半晌沒有人影，打了好幾通電話，丁藍媽媽都沒有接。最後電話終於接通了，沒想到我一表明身分，她就掛我電話！我氣得直接打電話給丁蘭，叫他聯絡媽媽，馬上到樓下來跟我會合。沒想到丁蘭竟然告訴我，媽媽覺得自己現在很乖，所以不用再跟老師見面了！又熱又氣又餓的我，差一點理智斷線摔爛自己的手機，約好跟家屬見面卻被放鴿子，這還是就職以來頭一遭！

在法務部規定的撤銷程序有一個環節，是必須做家庭訪視。對丁蘭這個個案，當然也不例外。但是我仔細研究過他的家庭支持系統，除了媽媽沒有前科之外，爸爸已經過世，剩下兩個兄弟都有毒品的案底，我自己一個人去他家裡，恐怕就像誤闖叢林的小白兔，可能會馬上掉進毒窟裡。所以，我找了一位高大健壯的友人充當保鑣一起前往。

想想這樣還不夠，萬一現場目擊毒品使用的狀況，觀護人並沒有逮捕現行犯的能力，於是我先跑了一趟派出所，拜託所長和管區幫忙，一起到丁蘭的家裡去。所長一聽我說起「丁蘭」這個名字就猛搖頭，整個派出所裡的制服員警都抬起頭來苦笑，沒有一個人不認識他們家的毒蟲三兄弟！這次警方非常幫忙，浩浩蕩蕩一行四人兼兩台車前往訪視，他們領著我穿梭在鄉下的巷弄間，在狹窄的房屋夾縫當中，終於發現丁蘭家的門牌。

做了多年觀護人，去個案家訪視至少超過一千多戶人家，深山海邊都踏足過，卻從來沒有遇過這種要側著身子擠進巷裡才能看到的大門，整棟透天厝又黑又暗又臭！我心裡倒抽一口冷氣，不斷說服自己，有兩個荷槍實彈的警察就站在我背後，才勉強壓抑住轉身落跑的衝動。

於是我鼓起勇氣，一馬當先走向他家大門。突然間，我看見一個熟悉的背影急忙忙跑上樓梯。我大聲吼叫：「丁蘭！丁蘭！」與此同時，竟有另外一個長得很相像的男子，面有菜色地從樓上慢悠悠走了下來，站在樓梯間看著我們。我一時之間怒向膽邊生，大罵丁蘭明明見了老師卻跑上樓，為什麼不下來跟老師見面？

女警突然從我的左後方對著屋內樓梯上的人大喊「丁竹」，要他上去叫丁蘭下來，順便靠近我輕聲說：「這是丁竹，丁蘭的哥哥。他也是派出所的毒品列管人口，最近分局驗尿也該去沒去。」

丁竹看到女警，迅速露出一臉討好的笑容，是是是，好好好，然後再三澄清丁蘭不在家，他去工作了。他真的不在家、真的、真的、不在家！但我剛才明明看到匆匆忙忙逃到樓上去的那傢伙到底是誰？丁竹顧左右而言他。接著，媽媽下來了，一樣站在樓梯間對我們百般解釋，丁蘭就是不在家、真的不在家、他真的有乖、他沒有亂搞等等……。

同時間，我不斷聞到一種極其噁心奇怪的臭味，無法確定是什麼樣的臭味，感覺是種種可怕的化學物質混合而成的臭味。我的鼻子寫不出化驗報告，但我猜測是安非他命、海洛因、咖啡包、酒精、香菸、垃圾和人類體臭混合在一起的有毒氣體！我一面忍住這種噁心的臭味不要吐出來，一面對著媽媽數落丁蘭違法亂紀的行徑，順便責備年紀也差不多可以當我媽媽的丁蘭媽媽是非不分，怎麼可以包庇丁蘭吸毒？而且還幫著他說謊！甚至答應了見面，竟然還放我鴿子？

在整個吵吵鬧鬧的過程中，一樓黑暗的客廳裡，一直橫躺著一個男性人類形狀的生物，竟然完全沒有移動一根手指或腳趾，就那樣持續的躺著。我看不見他的臉，只能從肚皮微微的起伏判斷這個生物應該還活著，可是我完全不想靠近，因為我還沒有殉職的決心！

我帶著滿肚子火氣離開丁蘭的家，坐進車裡時雙手還微微顫抖。要走完程序撤銷他的假釋，法定流程需要一段時間，這段期間我竟然接到了丁蘭媽媽的電話。她哭著說：「求求老師幫我！」原來丁蘭吸毒後來討錢，要不到錢就砸東西，把家裡弄得一片混亂，甚至想毆打媽媽。丁蘭媽媽卑微的語氣與先前掛我電話的狠勁判若兩人，她說：「救救我！老師！只有老師最好了！拜託老師幫幫我！」

丁蘭不是「二十四孝」裡最終改過自新的丁蘭，而是只學壞不學好、寄生母親、辱罵母親、甚至會毆打母親的丁蘭。當丁蘭母親打電話來求助，我也只能勸她，表明最近親屬意願，陳請讓丁蘭儘速撤銷假釋。不過，丁蘭媽媽卻不肯，說捨不得丁蘭又進去關云云。

如此一來，我不知道身為一個小小的觀護人，我還能夠做些什麼？我只好聳聳肩，承諾會打電話詢問保全公司丁蘭工作的狀況。結果，保全公司一聽到丁蘭的名字，就對我大吐苦水：「觀護人啊！你叫他趕快把制服還來啦！做兩天就不來上班，還說他媽媽說，這個工作這麼辛苦、薪水好少不要做。放公司鴿子沒有關係，制服我們是要錢買的啦！」

我突然想起一則《伊索寓言》，講的是一名小偷和母親的故事。

一個小偷被逮住，判處死刑，三天後執行。他想在行刑前與母親話別，獲得了允許。當他母親來到他面前，小偷輕聲說：「我要告訴你一件事。」但是因為距離太遠，母親聽不清。小偷要求母親走近些，又輕聲說了一次，結果母親還是聽不清。第三次，母親再度靠得更近，將耳朵貼近小偷的嘴邊。這回小偷突然咬住了母親的耳朵，差點撕咬下來，周圍的人都驚呆了。「這是對她的懲罰，」小偷說，「我小時候小偷小摸，把偷的東西帶回家，她不但不懲罰我，反而叮嚀我『別讓人看見。』就是因為她，我才落了個今天這樣的下場。」

一個「慈母」，生養出一個鬮、一個逃、還有一個疑似行將就木的三個毒蟲兒子。我常在想，到底是出於什麼樣的母愛，才會創造出犯罪的溫床？

12 虎媽萬歲

【犯罪類型－毒品】

「生你這個混蛋小子，還不如生一顆蛋！生個蛋還可以煎一煎、煮一煮、吃掉剛剛好。但是生到你這個混小子，吃我的、住我的、用我的、還惹我生氣，現在又吸毒！永遠只會惹是生非！」

四十幾歲的大男人，已經娶妻生子又離了婚（應該說是被離婚），都已經當了爸爸，早已是個大人，但在媽媽面前永遠還是個小孩，低著頭、緊閉著嘴，整張臉漲得通紅，什麼話都不敢回，連抬頭看我的勇氣都沒有。媽媽氣得差點舉起手來，擰著這名個案的耳朵，巴不得把他拎走。

我非常小心避免說出「媽媽請你冷靜」這句話，以我多年的經驗教訓，「冷靜」這兩個字就像一種魔咒，對個案或個案家屬都會造成反效果。他們會更加歇斯底里吼叫著「我很冷靜」，然後轉換成為暴怒。所以當對方很激動的時候，冷靜的其實應該是我自己。

「媽媽，請坐。老師不太了解事情的前因後果，你可以詳細告訴我到底發生了什麼事嗎？」

「老蘇啊，我叫他在祖宗牌位前罰跪，叫他跟死去的老子好好懺悔。他發誓不要再吸毒，他發誓說他絕對不會走回頭路。結果勒？結果勒！結果說跟朋友出去吃個飯，回來就像個鬼，他以為老娘是白痴嗎?!」

我心裡一沉，毒品案件的再犯復發雖然很常見，卻完全不妨礙這件事所造成的悲劇。每個吸毒的人背後，都代表著一個以上的破碎家庭，和無數個心碎的所愛之人。雖然說，所謂單純吸毒在犯罪學上被認為是一種「無被害者的犯罪」，但我想這個定義沒有考量到愛情、親情、友情、兄弟手足之情等絕望無助的痛苦。

但我的評論並不重要，重要的是，該怎麼解決眼前棘手的問題。無論情緒的漩渦再怎麼大、案件的複雜程度再怎麼高，觀護人最重要的一點，就是永遠都要清楚明白，始作俑者其實就坐在眼前。個案應該責無旁貸負起屬於自己的責任，而不是讓暴怒的母親、擔心的老師來解決這一切問題。然而，這名個案過去就是一直這樣，以為只要低頭懺悔，或是裝出懺悔的模樣，一切就能解決了。

「阿平，你把頭抬起來，看著老師。」

「……」

「你老實說清楚，那天到底發生了什麼事？」

「……」

「阿老蘇，我跟妳說啦，他就是咰……」

我連看都沒有看媽媽，兩眼繼續凝視著阿平。同時伸出左手，用掌心對著媽媽，阻止她繼續說下去。「媽媽等一下，這是阿平自己的事情，你讓他講清楚。」

「啊啊，可是老蘇……」

「媽媽，如果阿平連坦白承認自己做錯什麼事情，都講不出來，他要怎麼樣改過自新？」

「啊……好，老師說的對。就照老師說的……」

雖說家家有本難念的經，但是親子之間如果一直有剪不斷的臍帶，孩子根本就沒有辦法真正獨立成長為一個成熟的個體。我不容許父母親代替孩子回答問題，一方面是強迫個案面對自己的困境，二方面也是希望父母親能夠正視自己已經不再是個案生命中的主角，必須讓孩子承擔所有生命的責任，如此他們才能真正長大成人。

阿平畏畏縮縮地把頭抬了起來，眼眶紅紅，用蚊子叫般細細的聲音囁嚅：「老師……對不起……」

「對不起不能解決問題。你先講清楚，媽媽剛說的那天晚上，到底發生了什麼事？」

「啊，我就跟朋友去吃飯啊……」

「然後呢？」

「他、呃、然後，阿、然後，然後……我就做了不該做的事情……」

我有點火大了，用丹田發出一聲怒吼：「男子漢敢作敢當，叫你說清楚講明白！」

阿平嚇到了，忙不迭的解釋：「有，我有吸毒，我跟那三個朋友吃完飯，就去其中一個人的家。他們桌上有玻璃球，也有人把針筒拿出來，說要慶祝我假釋回來。所以這一次是請我的，後來我沒有用很多……。」

「沒有用很多，是多少？」

「大家一起用的，我其實搞不太清楚，但是應該有拿三、四包一起用……」

「後來呢？」我可以感覺到自己的聲音低沉得嚇人。

「我、我、我、我、我……後來還是有找這些朋友一起，後來又有拿幾次四號仔[16]……」

「什麼叫做幾次？講！清！楚！」我聽到自己的聲音更沉更嚇人了！

「阿、阿、阿、就、就就、就是昨天買了兩包，前天買了三包，然後然後今天要來報到，所以我還沒有、我，呃、不對、我不敢去買……」

16　海洛因俗名「四號仔」。按用途與純度分為四級，精煉加工製成細白色的粉末（四號海洛因）流入毒品市場。

「一包多少錢？」我越來越像動物星球頻道裡的獅子發出低吼。

「就都一樣五百……」

「你買兩包跟三包都是一次用完對不對？」

「嗯啊……」，點頭。

「兩包一共一千對不對？三包一千五，你一天做工薪水大概多少？」

「通常是兩千。」

「你之前每天都吸毒的時候，一天大概要買幾包？」

「有時候多、有時候少，有錢的時候就多買一點，沒有錢的時候只好讓他啼[17]……」

「所以多的時候是多少？」

「大概一天可以用掉五六包而已……」

「好，我們來算算數。一包五百、一天用量六包，光是海洛因的錢，你就要三千元，還不包括吃飯跟加油的錢。一個月三十天，只算毒品就要九萬！你一個月賺得到九萬嗎？」

阿平的頭低到不能再低，輕輕的、搖了搖。

「所以你到哪裡去搞到九萬元？」

「老師……你都知道，就不要再問我了……」

「就是要問你！你現在就在媽媽面前說清楚講明白，不要老是用騙的！你現在轉過頭去看著媽媽，看著媽媽的眼睛，老實說你是怎麼弄到錢的？」

阿平媽媽火冒三丈，忍耐著還沒有飆罵出口，眼淚已經順著皺紋滑了下來。這個表情我簡直再熟悉不過了，那是生氣、傷心、恨鐵不成鋼，融合在一起的辛酸，除了鹹鹹的眼淚，沒有更好的去處了。

阿平越縮越小，頭低到簡直要塞進桌子底下了。他不敢看媽媽，也不敢看我。從我的角度望過去，只看得到他頭頂上的髮旋，還有一滴滴掉在褲管上、不知是鼻涕還是眼淚的水珠。我抽了幾張衛生紙，一手遞給阿平媽媽，另一手給阿平。母子倆都已經哭成這樣，身為老師，我還是狠心地不放過阿平，語調中充滿了恐嚇和威脅。我猶如雄獅怒吼：「阿、平、講、清、楚！」

17 吸毒者突然停止或減少毒品用量時所產生的副作用稱為「戒斷症狀」，也就是台語的「啼藥仔」。海洛因較常見的戒斷症狀有流淚、流鼻水、嘔吐、腹瀉、冒冷汗、身體疼痛等。

阿平簡直泣不成聲，鼻涕滾著哭聲含含糊糊地坦誠：「我偷東西，搶人家的金項鏈。之前也會騙媽媽說歐兜邁壞掉了要修理，說腳受傷要去看醫生要錢，我都是騙家裡的錢，有時候也會偷媽媽皮包裡的錢。」媽媽睜大了眼睛怒吼：「蝦毀！原來這些都是假的，你到底騙我幾次?!啊!啊?!」當然是數不清。既然阿平已經坦白承認，老師主演「阿修羅」劇碼差不多也該結束了。我恢復平常的聲音，看著媽媽，又看看阿平，冷靜甚至冷酷總結分析了阿平的毒蟲生涯。

阿平一天做工兩千元，就算不吃不喝，最多只能買四包海洛因。但是毒品這種東西不像是吃便當吃飽了，就會覺得夠。一個人很餓的時候，一天吃三五個便當，總有吃飽的感覺，但是毒品不一樣，它有耐受性，越吸毒反而只會越吸越多。所以就算有錢可以買毒品，也會一次把它全部用完，接下來又會想買更多的毒品。而且吸毒之後懶洋洋的全身沒力氣，就再也不想去工作了，更不會有錢去買毒品。

「就算你家裡有金山銀山，也沒辦法供應你每個月花九萬去買毒，所以你才會做那些傷天害理、為非作歹的事情。你自己想想看，如果有人為了自己要吸毒去搶媽媽的金項鏈，害媽媽跌倒受傷，你可以原諒他嗎？」

阿平握著拳頭，抹了抹鼻涕，用力的搖頭。

「老師知道，你不是存心做歹子，但是吸毒一定會有這種結果。你現在只有兩條路，要不就撤銷假釋，再回去監獄服刑，關一關把毒戒乾淨；要不就去戒毒中心待滿一年半，一樣把毒品戒乾淨。這中間沒有任何模糊地帶，也沒有可以換來換去的機會。而且，今天來報到卻沒驗尿，老師還是要照規定發告誡、依法處理，就算得撤銷假釋，也是剛好而已，老師不可能當做沒聽見你幹壞事。你想清楚，這是你自己的決定，自己要承擔。」

「老師啊、可是老師，但是我已經坦白跟你承認了，可不可以再給我一次機會？」

「假釋就已經是國家給你一次機會了，你吸毒的時候，有沒有問過老師可不可以吸？你買毒的時候，有沒有想過老母會不會傷心？我如果再給你機會，再放過你，放你在外面繼續買毒品，總有一天你會吸毒過量吸到死在外面，或者是沒有錢給藥頭被打死，那時媽媽就沒有你這個兒子了！我現在是要救你的命，是要給你機會救你自己的命！我給你的機會，就是你的性命！」

媽媽搶一步先在阿平開口前說：「阿老蘇啊，可是他這樣就沒辦法工作了耶……」

「阿平媽媽，如果阿平把毒戒乾淨，他一天就算只賺少少的一千塊，也是實賺實拿，總比他現在流汗賺的錢，馬上就轉手貢獻給藥頭來得好吧？而且，媽媽你養他到這麼大，什麼時候賺了一粒米回來孝養你？況且，戒毒讓身體健康比較重要，還是現在有錢賺比較重要？」

「老蘇講這樣也對啦！一直死不改，到時候也是剮來死，不然乾脆直接死一死！啊，哇災，你不敢自己死，阿母陪你，我們一起死吧！現在講一下，我們什麼時候來去死！阿母跟你一起！」

「阿母不要這樣啦，不要死啦我們沒有要死啦，不要講這種話啦……」

「什麼叫做不要講這種話，就是要告訴你，要嘛就我們一起死，要嘛就跟老蘇講的一樣去那個什麼戒毒中心，反正你的命是老母生給你的，老母跟你一起死也是應當，賠給你還超過。恁祖媽沒有欠你，是你欠我！」

事後我才知道，阿平媽媽因為身體不好，之前曾經罹患重病之後意圖自殺。所以對阿平來說，媽媽的話完完全全是認真的。

多年來吸毒再犯的個案有如天上繁星，但是真正願意進戒毒中心待滿一年半的個案卻寥寥可數。在阿平住在屏東戒毒中心的那段日子，為了強化阿平戒毒的決心，我代替行動不方便的阿平媽媽去看望過他幾次。他的狀況一次比一次好，氣色一次比一次健康，到了阿平期滿的那一次我才知道，因為去看望他，我成了戒毒中心的大紅人，因為當時戒毒中心從來沒有觀護人出現過。

戒毒的朋友們都很羨慕阿平有老師來關心，所以每次我去過之後，好一陣子阿平都會被當作話題的焦點。戒毒村朋友們還會阿諛諂媚奉承地說，阿平的老師真年輕、好漂亮。我心裡實在很好奇，阿平會怎麼應對這種話題？但他沒有等我把好奇問出口，就明明白白用一種非常驚懼的表情，重現他每次的回答：「阮老師罵我像罵兒子一樣，是哪裡有漂亮我沒有看見，我被罵到沒有頭可以抬起來啊！換你們去被罵看看，才知道什麼叫恐怖！」我把忍不住的笑聲憋在口罩裡，心裡對於自己戲劇化的修羅模式洋洋得意，效果立竿見影。

為了讓阿平媽媽繼續支持阿平留在戒毒中心，我還要從最南端的屏東開很久的車，跑到位於高雄最北端、遙遠的阿平家，告訴她阿平的進步神速。阿平媽媽總是老師長老師短、感謝天感謝地的感謝老師救了他們一家人。但是我認為，阿平媽媽的母愛，才是真正的救贖，信阿拉信阿門信阿彌陀佛，都比不上信阿母來得重要，當初如果阿平的阿母沒有以死相逼表明「恁祖媽沒欠你！」阿平也不可能真正下定決心去戒毒。

真正的為母則強，是用自己的性命，跟「毒品」這個世界上最難纏的對手奮力一搏。所以，媽媽請你一定要長命百歲！虎媽萬歲萬歲萬萬歲！

13 月下老人

【犯罪類型－毒品】

「固少孤，嘗願早娶，以廣胤嗣。爾來十年，多方求之，竟不遂意。今者人有期此，與議潘司馬女，可以成乎？」曰：「未也……君之婦適三歲矣。年十七，當入君門。」因問囊中何物？曰：「赤繩子耳，以繫夫婦之足，及其坐則潛用相繫。雖仇敵之家，貴賤懸隔，天涯從宦，吳楚異鄉，此繩一繫，終不可逭。君之腳已繫於彼矣，他求何益。」[18]

18 出自唐朝傳奇小說集《續幽怪錄・定婚店》，作者為唐朝人李復言。

這份工作看不盡悲歡離合，數不清人情冷暖，但古書上的故事活生生搬到眼前，還是令人訝異不已，尤其是「月下老人」這種古典劇情。

成年的台灣民眾，應該沒有人不知道月下老人。故事很簡單，翻成白話就是唐朝一個叫韋固的人，一直沒有適合的對象。某個月夜，他遇見一個自稱負責掌管夫妻姻緣的奇異老人，韋固馬上問自己怎麼討不到老婆？老人告訴他，你真正的姻緣對象，現在才三歲大，到了十七歲才會嫁給他。韋固想看看未來新娘的樣子，老人就告訴他，明天菜市場上有個老太婆抱著個奶娃，那個就是你未來的新娘！韋固第二天急沖沖跑到市場，沒想到看見了所謂的「恐龍妹」，心想我才不要娶她，氣急敗壞之下，竟然拿刀殺了「恐龍妹」，所幸一時失手，「恐龍妹」只被刺傷了眉心。

韋固畏罪潛逃，之後從軍報國，立下了大功。回國後，縣長說要把漂亮女兒嫁給他，韋固高高興興跟大美女結婚後，發現嬌妻眉心上一直貼著一個水鑽貼，連洗澡都不拿下來。一問之下，馬上把人家弄哭，妻子說出是三歲時在市場被某個小混混給刺傷的。韋固立刻自首，原來姻緣真是天註定，月下老人把紅線綁在腳上，兩個人誰都跑不掉，用台語來說就是「愛到卡慘死」。

用「可愛」來形容這個四十歲抱著胖奶娃的少婦個案，實在有些奇怪。但這位紅線上的女主角，確實當之無愧。她是退休同事移轉到我這裡的「受保護管束人」[19]，刑期很長、保護管束期也很長，但除非她說出往事，否則很難有人想像得到如此嬌小、柔美、白皙的少婦，是吸毒後販毒的無期徒刑重案。

當時我初任觀護人沒多久，小紅卻已經報到了六、七年，所以其實她比我還了解這個工作的規定跟訣竅。但是，她並沒有對菜鳥老師有什麼不滿，事實上，她根本沒有時間顯露出任何情緒。小紅報到很準時，但總是匆匆忙忙地來又匆匆忙忙地走，有時候甚至把不滿周歲、胖嘟嘟的兒子抱在懷裡來報到。兒子當然很不安分，在我的約談室裡一下抓媽媽的頭髮塞進嘴巴，一下想要抓我的原子筆，抓不到東西就開始哭鬧。所以小紅也趕著要回家，說兒子餓了可能想要吃奶。小奶娃兒哭得震天價響，眼淚鼻涕糊了滿臉，這種理由任誰也無法強留下來會談，所以，有好長一段時間，我根本沒有機會了解小紅。

這次小紅又抱著兒子來報到，每回看到小紅的兒子，都覺得他像吹氣球一樣又大

19 依〈保安處分執行法〉規定，由地檢署觀護人執行的監督與輔導的成年犯稱作「受保護管束人」。

了一點。一開始，迷你米其林寶寶還肯坐在小紅的膝上不哭不鬧，但是胖嘟嘟的身材在小紅纖細的身上擠來擠去動來動去，讓小紅側坐也不是，正坐也不是，完全沒辦法專心講話。奶娃圓滾滾、水汪汪的大眼睛又時不時盯著我看，讓我也很難專心講話。

我不好責備小紅，但心裡又不是很高興老是這樣沒有約談品質，便提出希望小紅把孩子留在家裡的要求。小紅無奈地苦笑說，先生跟婆婆都會幫忙照顧，但只要自己不在，兒子就會開始哭鬧著找媽媽，不管怎麼哄都哄不住。所以就算先生載自己來報到，進來十分鐘的這段時間，也只好先把兒子給抱進來……語音甫落，兒子就開始發出咿咿呀呀的聲音，小紅只好站起來走來走去，說兒子要抱著走才不會吵鬧。我看看後面也沒有別的報到同學了，順勢放下了原子筆，陪著小紅走出去。小紅的胖兒子這回很給面子的沒有哭，我終於可以談一下小紅的工作、先生的工作，還有家庭生活。

婆婆疼愛小紅，還沒結婚時就知道小紅有前科，在監服刑時還曾去探望，婚後婆媳關係仍然非常親近，實在難得一見。因為就連一般家庭都不見得能擁有良好的婆媳關係，而個案家庭更是極其罕見。我跟坐在車上等小紅的老公打了個照面，基於職業敏感度，我忍不住詢問小紅，她先生是不是有前科？小紅尷尬笑著說「有啦……但是，那也是因為我……」正準備說下去，奶娃兒又開始哭了，我只好忍耐著強烈的好奇心，等著小紅下一次來報到。

皇天不負苦心觀護人，這次小紅終於自己來報到，說兒子在車上睡著了。我趕忙把握機會，問說先生被關為什麼是因為她？小紅娓娓道來：「我們其實讀同一所國中，我國一入學的時候，先生讀國三。因為我是新生，整個班經過中庭的時候，聽說那時候我先生跟一大群男生擠在旁邊看美眉，他就指著我說『將來我要娶她！』然後，那一大群男生都笑他。我們小女生都很害臊，聽到一大群男生嘻嘻哈哈只會臉紅頭低低，所以其實當時我根本不知道他們都講了些什麼。後來，他國中畢業了，還是一直回來學校約我，結果我們就在一起了……然後，因為當時我未滿十六歲，所以他就被我阿爸告。雖然我是心甘情願佮意[20]他，但反正我阿爸堅持不願原諒他，所以他就被抓去關了好像二、三年，我們也就散了……」

小紅的形容實在太有趣了，想像著那個畫面，我越來越忍不住嘴角慢慢爬上的笑意，幸好有口罩遮住。為了掩飾我想聽這種連續劇的不專業態度，只好趕快追問：「你們不是散了，怎麼後來又結婚啊？」

20 台語「中意、喜歡」的意思。

「他在關的時候，我也交了別的男朋友啊！後來他關出來也交過別的女朋友，但是都不長久啦！不過，我們還是朋友，而且同學什麼的也都有共同認識的人，偶爾也是會連絡。但後來我就不理他了，他找我也找不到，因為我忙著吃藥、啼藥、賣藥，又跟藥頭住在一起。我當然不想讓別人知道我吃藥的事情，怎麼可能跟他連絡啦！賣沒多久就被監聽到了，抓去關了以後，他可能是一直都跟以前的同學和朋友打聽我的消息，所以我一級[21]可以會客朋友的時候，他就老是跑來面會，害得我越來越……。結果出監那天，就是他來載我，說要載我回家，結果就載去他家了嘛！」

「所以，其實先生一直還是喜歡妳，一直等著妳？即使妳吸毒販毒被抓去關？」我心裡突然升起一股暖流，這種情節實在太少女漫畫了！對照現實生活中，個案們的愛情與婚姻破碎的多、穩定的少，服刑時更明顯，多數是男人去關，苦了女人；女人去關，沒了男人。這小紅先生可真是個痴情男子漢！

小紅什麼都沒回答，她羞答答低下頭笑了，甜美的臉上隱約浮起紅雲，那表情勝過千言萬語，這，不就是真愛嗎？我好想高舉雙手大喊「在加油站遇見蘇格拉底」算什麼希罕？在約談室看見月下老人的紅線才叫厲害啦！

一如過往，小紅持續穩定健康的報到，完全沒有碰毒，努力忘記過去服刑的恥辱和陰暗的過往，每一次的約談都充滿了朝陽般愉快的氣氛，無論談的是工作家庭生活或是孩子的養育，局外人聽到，都有一種姊妹淘在聊天的錯覺。小紅坦承，因為不敢告訴別人自己曾經關過，很多時候跟認識的人講話要特別的小心，甚至也不敢隨便交朋友，更不要說有知心的朋友了。反而是跟老師講的話，不用有任何顧忌，什麼話都可以說，什麼事都可以聊，有什麼煩惱也可以商量。

當然，我也盡量給予「女力」支持，雖然對她來說這種Woman power的經驗其實很熟悉，女監也有，只不過她不願與之前的獄友打交道，也絕對不想再回去，更不想憶起服刑的種種。然而，我的身分既交錯又衝突，卻讓她感覺安心。小紅似乎把年紀相彷的我當成「如何成為一個正常的中年婦女」的角色模範，所以報到的時光既懷念卻不同於過去，小紅在這裡最是輕鬆自在。

21 《行刑累進處遇條例》把受刑人分為四級，必須從第四級開始累積教化、作業積分，才能慢慢升到第一級。各級受刑人接見及寄發書信的頻率都不同，第四級受刑人限制每星期一次，第三級受刑人每星期一次或兩次，第二級受刑人每三日一次，第一級受刑人則不受限制。

常常見面，胖兒子好像已經認識我了，所以比較不會在約談室哭，顯得越來越可愛，甚至偶爾會想讓我抱。沉甸甸的奶娃充滿活力，軟綿綿白胖胖的身體熱烘烘靠在我胸前，不時滴著口水，吃著自己手指「嘛貓媽拇」地出聲，離開的時候，他還會用短短小手揮舞著對我Kiss Bye。這種在觀護人工作會談中難得一見的「娛樂活動」，總在心力交瘁時，為我帶來片刻單純的歡樂。對小紅來說，報到是一種心靈上的安適，對我自己來說又何嘗不是？有時候人生的際遇超過自己的想像，別人的際遇又會改變自己的際遇，反之亦然。

後來，我遭遇意外的調動。當我告訴小紅必須要換老師的時候，小紅第一次在我面前哭了。豆大的眼淚在巴掌大的臉上無聲無息掉下來，我心裡某個看不見的角落似乎也慢慢死去。我拼命安慰小紅，盡我所能協助她適應沒有我的報到，我知道也深信，小紅即使沒有我，也還是能持續現在這樣的好表現。或許當時是菜鳥的我還不知道，觀護人真正的工作，根本不是輔導或撤銷個案，而是把自己靈魂的某一個部分當做火柴，燃亮個案人生陰暗的角落，但臉上卻必須假裝不在乎。

幾年之後，又歷經了好幾百個報到的同學來來去去，我又回到熟悉的地檢署。分配給同事的小紅，果然持續表現得很棒。突然有一天，同事很開心的說，今天是小紅報到的最後一天，而且小紅聽說我回來了，主動說想要見見我，慶祝她終於畢業了！我立刻衝到樓下約談室，看見依然纖細甜美的小紅，帶著少女般又羞赧又快樂的複雜表情，紅了眼框……。

這是我最後一次看見小紅，我對小紅最大的祝福是，絕對不要在這裡再看見她！小紅也鄭重承諾，老師妳絕對不會在這裡見到我了。望著她幸福的背影，被等在門外的先生接走之後，呆站在門口的我突然覺得好笑了起來，兩個人彼此最溫暖的誓言就是絕對不要再見面，這大概是只有觀護人這種工作才有的奇怪邏輯吧？我笑著笑著，然後感覺口罩已經被滴落的淚水滲透……。

14 稻田裡的鈔票

【犯罪類型－賄選】

窄窄的田間小徑通往一望無際的稻浪，翠綠的禾葉在微風中如潮水般輕輕揚起、落下，微微露出即將飽滿的金色稻穗。老農夫預期豐收的喜悅忍不住在嘴角漾開，心裡也盤算著閹雞應該還夠吃，但番鴨可能不夠給兒子、女兒進補。對了！當成寶貝一樣吃ㄆㄨㄣ養大的美味黑豬馬上就可以賣了，今年該買多少頭小豬仔來養？也許要多買幾隻……。

「警察來了！移送地檢！發監執行！爸爸被關了!!」

老農夫的老妻、兒子、女兒、孫兒們哭成一團，沒人搞得清楚到底發生了什麼事。一向是村裡最受敬重的幹事，一生除了種田種菜餵豬之外，就是和老妻養兒育女，老農夫的人生除了平凡還是平凡，到底做了什麼壞事被抓走？原來老農夫的遠房親戚想出馬競選民代，但聽說選情不樂觀，想到親戚多年前曾經照顧過自己，擔心親戚選不上，老農夫想出了附近選區常用的招數：「買票！」

儘管看天吃飯，農民的收入微薄，但老農夫還是領了現金十萬塊，包成一包，和同庄的另一位農友約在田埂見面，請農友幫忙去買票。不知是純樸的農友買票技術不好，還是抓賄選技術太好，農友才花了一半的錢，就被逮到了。鄉下人看見政府機關就緊張，檢察官偵訊不用幾句話就供出了全部，老農夫當然變成主謀身陷囹圄，買票的農友反而成為「污點證人」，逃過牢獄之災。

或許是我們接觸太多「壞人」，思想也變得邪惡了，我第一個反應就是：「那買票的農友應該把剩下的錢給吞了吧？」老農夫理所當然地回答我：「沒有啊！還我了。」還錢的過程真是令人哭笑不得，老農夫當時早已入監服刑，農友則是親自去探監，然後把剩下的錢寄存當作他在獄中的零用金！

老農夫既不恨農友、也不怨親戚，甚至不曾抱怨司法對他如此嚴酷。即便獄中生活如此折磨，但他一心只想著稻子哪時要收割、老妻該怎麼學用打穀機。說著說著，老農夫用粗糙不堪的大手抹抹眼淚鼻涕，又往褲頭上擦。我趕忙拿面紙給他，老農夫手上拎著輕飄飄的面紙，表情卻有如千斤重，他不知所措又老淚縱橫了起來。我嚇了一跳，面紙不知為何使他更傷心了？我請他別哭了，有話慢慢說。老農夫囁嚅了半天：「去關已經嚇到快死，每個人問話都恰北北，好像我是壞人。但是老師竟然對我這麼好！」

老農夫的驚慌和恐懼，也許順著眼淚流乾了，慢慢的，來報到成了愉快的事。老農夫很得意地炫耀起黑豬來了，尤其得意的是黑豬不吃飼料，而是吃ㄆㄨㄣ養大的喔！吃ㄆㄨㄣ到底有什麼了不起呢？自忖還算了解農產品的我心裡很疑惑，老農夫更加得意，他表示，豬吃ㄆㄨㄣ會長得比較結實，而且肥肉部分不會水水肥肥的，而是很緊實的白肉，他吃一口就知道。尤其他養的黑豬，還是吃鳳梨皮和鳳梨頭長大的呢！「鳳梨頭那麼尖硬，豬要怎麼吃啊？」我忍不住問道。老農夫非常肯定的說：「老師，你來看看就知道了！」

我開了很久的車，去到很遠的鄉間，為的就是去看黑豬怎麼吃鳳梨頭……，不不不，是為了訪視受保護管束人。老農夫住的是沒有門牌地址的農舍，戶籍地是附近的兒子家，我找了半天，還是找不到。突然看到遠遠小路上有一台拼裝農機要出來，停在路頭的我怕農機與我無法會車，就等在路口。沒想到，農機也在另一頭停了好久，簡直是黑羊白羊的故事，禮讓半天沒有過橋一樣！最後，農機終於忍不住慢吞吞往前開，經過我的車旁時，我赫然發現，這不就是老農夫嗎?!

老農夫妻倆正準備下田，看到老師來竟然欣喜若狂，邀請我進農舍坐。老妻則是興高采烈打電話給正在下田的大女兒、在附近工作的兒子、在家休息的小女兒、在遠處工作的小兒子……。最快趕到的大女兒還很興奮地說：「快點打給某某，來看老師金少年！」我趕忙阻止，深怕家族親友全員到齊，熱鬧的盛況簡直是扶老攜幼看貓熊，訪視一個受保護管束人有六個人作陪，還真是史上少見的盛情。

老農夫一家人十分開心，熱情邀請我參觀他農舍裡的大小牲口。首站當然是證明自己所言不虛的黑豬，中小型的黑豬們擠到畜欄邊，從欄隙邊伸出長長的嘴管，嘶吼尖叫著討點好料吃，吼得我有點心虛，萬一咬我怎麼辦？大黑豬滾圓肥壯，還真是鳳梨頭養出來的！地上散落了幾個咬過的鳳梨頭，大黑豬挺著傲人的中廣，連起身招呼都懶，直接橫在地上，用小小的眼睛睥睨著「鄉下俗」的我。也許大黑豬早就長了智慧，看得出比較害怕的那一方是誰。

看完黑豬再看雞舍。老農夫介紹自己親手養大的閹雞是何等美味，市場上的飼料雞實在很難吃，吃過他的雞一定會懷念。而且這雞只送不賣，所以過年要殺一隻來給老師吃！我大笑著婉拒了。我相信他打包票的閹雞一定讓人流口水，可惜我公職在身，不能接受盛情肥雞，但鄉情溫暖令我十分感動。

老農夫的農舍實在像兒歌「王老先生有塊地」唱的一樣，這裡有雞有鴨有魚蝦有孔雀！鴨子搖著屁股晃來晃去擠來擠去，呱呱呱地唱著歌，餓了就往池裡輕輕鬆鬆地捕小魚吃，不時低頭洗洗澡，理理毛、抖抖頭、晃晃長脖子，一臉志得意滿的樣子。雖然我很想嗆聲：「得意什麼啊！」不過想想這麼愜意的生活，我實在輸給牠們啊！

藍孔雀則是別人不養的寵物，送給老農妻養。孔雀身披翠綠、寶藍、墨黑色的彩衣，在陽光下閃閃發光，拖著華麗的大尾羽走來走去，看見陌生人還會像家犬一樣突然粗嗄大叫，嚇了我一大跳。孔雀彩衣美得像寶石幻化成的錦線織成，叫聲卻難聽得令人不敢相信是同一種動物。老農一家忙著逗弄孔雀令牠開屏給我欣賞，但孔雀毫不領情，躲過來又躲過去，就是不肯正面看我，害得人類頗為尷尬。我只好自嘲：「因為今天穿得不夠漂亮啊！」就這樣折騰半天，這場「動物園」導覽才順利落幕。看老農夫得意地展現牲口的神情，我在感動之餘還帶著一絲哀傷，若不是這場官災，他農家樂的生活是何等平實幸福！

身為案件執行的最末端，觀護人不會、也沒有資格去過問案件為什麼會是這樣起訴、這樣判決，只能依照受保護管束人的狀態，做最適當的處遇。我最初接到老農夫的案件，起因是稻田裡的那包鈔票，而我最後執行的努力方向，只寬慰了他的心靈，他自己就會回到稻田，種出許許多多的鈔票。

15 老電影

【犯罪類型－竊盜】

看電影是很多人的興趣，但我自己卻完全沒有興趣，或許是因為我的工作生涯中，總是不斷看著別人的生命電影在我眼前伴隨著淚水、汗水甚至血水，活生生的上演。多數受保護管束人是演短片，少數受保護管束人演的是長片，這位「老賊」，是一個人包辦了好幾部史詩鉅作。

通常「老賊」這個詞，是極度負面損人的話，但我用這兩個字，卻是具體、中肯、精準地描述了這個個案的資歷及職業——他是一個令人敬重的「老賊」。報到之初，我就被他的年紀給吸引住了。五十九歲，是一般人要退休的年紀，竟然因為竊盜罪而假釋。通常這種年紀的竊盜案件都是鄉下老伯牽了別人的腳踏車、遊民老人偷吃泡麵之類的緩刑案，多半判個三、五個月，老人家來吐吐苦水、發發牢騷、謝謝「妹妹老師」就結束，沒想到他竟能被關了快十年，光保護管束就得在我這裡報到四年，仔細研究赫然發現，他可是專業級的賊！

如果說犯罪也有專技人員，那麼他絕對是頂尖人才，而且像電影裡演得那麼光鮮亮麗。只是，下片以後，滿地爆米花碎屑的慘狀，就是他人生的下半場。

頂著稀疏白髮、滿面風霜地筆直站好，在約談室門口等著報到。輪到他報到時，還沒進門，先立正！行舉手禮！大喊一聲：「老師好！」我嚇了一跳，這又不是演「報告班長」，進門坐好就行了，哪來這麼多華麗的古早味禮儀。原以為這是第一次的見面禮，沒想到此後始終如此，每次約談每次上演一遍，就好像以前電影開演前一定要站起來唱國歌一樣，不管怎樣講，都沒辦法讓他剪掉這段，最後只好隨他去，任這個年紀足以當我爸爸的個案立正敬禮。

他的一生精彩更勝電影，早年播映的是他父親「每一個碼頭都漂撇」的黑白浪子片。老賊出生在香港，長到念小學的年紀，被當船員的父親帶來基隆港之後，就開始自力更生。他的父親四處跑船，沒有管教過他，他和母親則從來沒有見過面。聰明的他幼年就學會許多謀生技能，包括靈活的口才和應變能力。小時候吃了多少苦，他不肯明說，但青年期的第一份正職工作、也是唯一的一份工作，就是當挨家挨戶的推銷員。靠著好口才，他進到許多富有人家的大宅院裡，看到華麗的陳設、雅致的古玩，他想，與其求人買東西，不如「靠自己」！

當他走上竊盜維生之路，就選擇了智慧型犯罪的手法。他仔細研究所有的門鎖、防盜設施、逃脫路徑、主家作息、警勤狀況、鄰里關係等，切切實實掌握資訊以後才會下手。有時白天他假裝古玩店的客人，與店主相談甚歡，晚上破解防盜，來個「你家就是我家」。有時白天他假裝散步遛狗，仔細觀察周遭環境，晚上再下手。我很傻氣地問他：「你又沒養狗，哪來的狗可以遛？」他也很客氣地忍住笑：「隨便哪家的狗看起來傻傻的不會叫，我就牽出去遛，勘查完地形之後再綁回去，那狗可開心了！」有時表現良好的傻狗，還可以獲得可口的雞腿當「助攻」的獎勵。

精準開鎖，手法俐落，靠著速度和技巧，他縱橫全台灣又遠征香港。他很自豪地說：「所有市面上能買到的保險箱，沒有我三分鐘之內開不起來的！」我指著辦公桌上的鎖，問他需要多少時間？他毫不掩飾不屑的表情，難得一見地撇嘴反問我：「老師，你是在開玩笑嗎？」

他在反覆服刑的過程中，建立了「口碑」，監獄裡的生活反而是他休養生息的機會。他很得意地用講悄悄話的口吻說，有一次監所裡保險箱鎖不見了，工作人員又急著要找一份資料，逼不得已只好「借重專業」。但又不敢給他任何銳利的工具，免得上演「監獄風雲」。他很體貼地要了兩個迴紋針，花了二十秒，開完鎖，再把迴紋針折回原來的模樣，輕輕放回給他的人手心裡。舉目四望，他瀟灑地享受圍在他身旁一張張驚愕的「長官們」表情。一位長官好不容易把下巴拉回原位，恢復語言能力後開口問他：「你……」他立即打斷這個即將出口的擔憂：「我不會逃獄的啦！」

老賊的行竊收穫豐富，但過程頗為費神吃力。在監休養足夠後，在外可是演出真人版的「神鬼交鋒」。民國六十、七十年代能夠到香港混的台灣人是很吃香的，靠著他在香港出生的背景，以及「無本生意」的專長，他在香港成立古玩公司，專營精品，來往各國都是頭等艙，貨色齊全隨身帶，全部都「免稅」！這些珍品他不但能精準到貨，還能夠辨別貨色的身價和真假，可惜我沒有什麼藝術鑑賞能力，否則拿本圖鑑來討教，可能勝過逛故宮博物院。

「神鬼交鋒」演了好一段時間，其中還有經典的愛情劇摻雜著一些風流浪子的橋段：他追求一位純潔、優秀的白衣天使，兩人情投意合結婚後，還生下了孩子。某天大批警察荷槍實彈來抓他，白衣天使這才發現，原來嫁了的他，根本不是他！真實的「〇〇七」電影在眼前上演，光是護照就有好幾本，每本名字都不一樣，照片同一張，名字統統都不是他！

不過，電影裡沒有演到，男主角入獄服刑，從挺拔的青年變成了老頭；電影裡也沒有演到，女主角得拉拔著孩子、扯著衣角過苦日子。但當他假釋以後，懷著滿心的虧欠去找那個已經離婚的女主角，白衣天使卻還是天使，願意讓他以「孩子爸爸」的角色，融入他們的生活中。

人在臨老之際，最希望感受到家庭的溫暖，老賊疼愛子女的心情溢於言表。就好像春風吹過了大地，草木勃發、鳥兒啁啾，說著說著，他的眼睛就笑開了，一講再講又重複：「老師，我有沒有告訴你，我那女兒啊，真是甜，她那天……」不管他講幾次，我都不會露出厭煩的神色，因為我很清楚，這不只是一個父親的心情，更像是祖父的心情，是他最重要、也是唯一值得驕傲的心情，而我是他唯一能「愛現」的對象。

沒多久，他被診斷出罹患癌症，雖然手術成功，但他一直很感嘆：「這都是報應！」關了那麼久都沒事，怎麼出來之後，孩子肯叫他爸爸了，自己卻成了「廢人」！雪上加霜的是，入院複診之後，醫師又檢查出其他的慢性病。雖然對一個老人來說，得慢性病是很常見的，但對他來說，一切都絕望了。

對於疾病，白衣天使有自己的專業建議，他表面上配合、心裡一百萬個不情願。不知道是他對疾病之外的事，也是一貫如此的態度，還是他原本就無法放棄「自己的專業」，他又涉案了。雖然我問過他案子的真實狀況到底如何？但他所說的一切，和判決的結果，都是不同版本的故事，件件都是有罪確定。而且案子一件又一件，累積到四件以後，我已經無力再問他案子的真實狀況了。

撤銷假釋只是時間早晚的問題，我們都心知肚明，但他卻還是乖乖地繼續來報到，繼續演一遍「報告班長」，不時左繳一張住院證明、右繳一張診斷證明。某次我忍不住主動問他，為什麼還是能這麼準時來報到？他反而把眼睛張得老大反問：「怎麼可以不來跟老師報到？」我偷偷笑了出來，笑容摀在口罩裡不敢亂跑，心想：「那我叫你清白做人不再犯案，怎麼沒聽我的？」老人有其世故，他也知道我在偷笑，於是回我一句：「我知道老師是真的關心我，雖然我活不了多久，但在我病死之前，都一定要來報到。」這下反而換我難過了。我只能拼命勸慰他，健康狀況沒有那麼惡化，至少也能帶病延年云云。

像「遺願清單[22]」那部電影一樣，他的遺願清單裡，似乎有一項是「向老師表達感謝」，因為自從病後，他經常主動問起我喜歡什麼，是名畫？書法？古文物？還是雞血石？害我好怕他拿以前沒被追繳到的贓物來送我。所以我每次都告訴他：「我最喜歡的，就是同學們都來報到，你的話，則是活得好好地來報到！」同樣的答案都換來相同的苦笑，嚇得我最後只好直截了當把我的憂慮告訴他，順便加一句：「你送禮物來的話變行賄，會害老師沒頭路！」

我確定他這下終於肯放棄了。結果下一次報到，他帶來了三條烤地瓜！他很誠懇地告訴我：「老師，這是有錢也沒得買的，跟一般烤地瓜不一樣，很好吃的！」拒絕將死之人所送的地瓜，我還算是人嗎？其實，地瓜在嘴裡吃起來，跟我在任何地方買的並沒有兩樣，很香也很甜，但我的心頭卻充滿了苦澀的鹹滋味。

22 二〇〇七年上映的美國電影，又譯作「一路玩到掛」。劇情敘述兩個癌末病人如何在剩餘的日子裡，度過沒有遺憾的人生。

「遺願清單」主角想做的事一一做完，最後總還是會步向死亡。我不知道他的遺願清單做了幾項，很快的，年後就迎來了惡耗，判決確定的案子得送絕對撤銷，假釋撤銷以後，他就不必報到，而是要重新入監服刑了。

他也收到了執行通知。他打電話給我，問說是不是能以健康狀況聲請延後執行？但這不是我的職權，我只能告訴他該向哪個單位聲請。他又問了我：「那我什麼時候再去找老師報到？」我長嘆了一口氣，他很沮喪地問我為什麼？我把絕對撤銷解釋給他聽，告訴他此後不必來報到了。但我似乎覺得，他在意的根本不是絕對撤銷，而是我那聲長長的嘆息。

「綠色奇蹟」那部片，演的是死刑犯在監獄裡的故事。一名死囚走在長長的走道上，就像人生的長路，獄卒在旁隨著叮叮噹噹的腳鍊聲，陪他走了這一段。而老賊，卻只能等待無止境的監獄生活或死神的隨時召喚，誰也不能預測是監獄還是死神先到。我既非獄卒，也不是死神，更不是讓他愛戀數十年的白衣天使，我不知道該扮演他生命中哪個角色，也不知道我演的如何，因為司法公務員身分，即使我想知道，也不能開口問他。但我可以深深感受到，他永遠不會忘記，自己人生落寞下片的前夕，有個出乎意料的人，用嘆息、用微笑、用責備、用關懷，靜靜陪著他走過了一段路。

16 山香

【犯罪類型—動保法】

山，是什麼味道？

那一天我才知道，山的味道是冷冽的、清爽的，綠葉的青脆勁兒融和木質的豐厚感，瀰漫在整座山成為基底，但一股纖細微辛微辣的香線，像一縷金絲，交纏在青與木的基底上，勾勒出山的模樣。閉上眼，靠著鼻子，還是知道這山有多美。

開了近四個小時的車，我到個案居住的那瑪夏山區去看他。那瑪夏在哪裡？簡單的說，算是山羌、野豬的家，是台灣黑熊的隔壁厝邊。

那瑪夏位於高雄的右上角，靠近中央山脈的地方。個案的家，比八八風災滅村的小林村更加深入山區。行經小林村遺址的合葬紀念公園，我心裡湧起一股酸楚，不禁偷偷低下頭來，祈求村民們保祐我這一路平安順利，因為這裡的路況在八八風災後柔腸寸斷，不少路段是「沒有路面」的。

重建道路的工程在枯水期的河谷上施作，用涵管導流部分河道後，上面舖滿石礫直接壓成道路，所以車子經過石礫路面時，即使時速只有二十公里，也像路上行舟般左搖右晃，讓人感覺五臟六腑都快吐出來。一段過了又一段，陸續經過好幾段石礫路面，既危險又難受。有時沿著山路切割出的小路行駛，會產生一種一不小心就會失足連人帶車跌進山谷的感覺，令人心驚肉跳。

好不容易走完了石礫路，進到了村落裡。明明山路只有一條，但是我還是一直迷路找不到他家，因為山裡門牌跟都市門牌的規則不太一樣，單號接雙號，有時還跳號，這一號門牌到下一號門牌，開車得花個十分鐘，開得我頭都昏了。在衛星導航、地圖、問路，全數派上用場還是找不到地方之後，逼不得已，我只好打電話問清楚他家在哪裡？對方的回覆真是一點也沒有幫助：「啊！就一直開、一直開，過第二個村落，再下一個，有轉彎的就是了。」我真是不明白，「一直開、一直開」，到底是會開到哪裡啊？我好怕到時候開到沒有人煙的荒郊野嶺，變成消防隊救災山難的主角。懷著不安的心情，我硬著頭皮一直開下去，也不知道哪個才是「第二個村落」。

突然間，我在路邊看見了他。他騎在一台破爛的野狼一二五上，伸長著脖子、動來動去，望向路的這頭。我向他揮揮手，他晒得黑到發亮的臉上咧嘴綻出燦爛的笑容，所剩無幾的牙很大很白，沒有牙的空洞則顯得漆黑無比。他迅速騎上轉彎的山路，不時回頭看我有沒有跟上。終於，我們輾轉到了一棟鐵皮屋前停下來，這才到了他的家。

一打開車門，山的香味就將我環繞，像精靈般帶走我的不安。他簡陋的客廳裡放的不是酒櫃、書櫥或大電視，而是滿滿如金色瀑布般的各種金質獎牌，全是他和兄弟姐妹參加各種田徑比賽得來的。在我的訪視經驗中，我踏進過無數個案的家裡，從來沒有看過這麼多的金牌銀牌銅牌！在一般漢文化為主的社會觀感中，總覺得原住民是愛喝酒、不努力的，但事實上，有誰的家裡能展現這樣的驕傲？

這個個案是卡那卡那富族[23]。也許很多人連聽都沒聽過「卡那卡那富族」的原住民，這一族在台灣的九族或十族裡都沒有，因為他們沒有被正名。我第一次聽見這個族名，唸了半天發不出正確的音，很疑慮真的有這個族嗎？事實上不但有，他們還努力爭取正名中，可惜因為人數太少，正名一直很困難。

他們在山上雖然是少數族群，但是與佔了絕大多數的布農族那瑪夏村民相處和睦，所以早期都被誤認為是布農族。事實上，卡那卡那富族的語言與布農語完全不同，而為了與部落裡的多數人溝通，卡那卡那富族人也開始學習布農語和漢語。

一開始，他到地檢署約談時，我總覺得他可能有些智能障礙，明明我已經講得既慢又大聲，怎麼好像什麼都聽不懂呢？直到坐進他那陳設簡陋、冷到不行的金獎瀑布客廳，我才發現他的反應變得如此快速。原來山下的人、事、物和包括我在內的司法人員，都說著他聽不太懂的語言，那對他來說才是真正冷冰冰地讓他發抖。因此回到熟悉的家，他簡直是像二八六電腦一下子升級到五八六一樣。

來訪時，我迷路的程度可當隻「麋鹿」，他介紹自己的農地是「那座山頭」，順便伸出「牧童遙指杏花村」的一指。我只看見一片霧茫茫的綠，他怎麼不會迷路？他很得意但也輕描淡寫地說：「怎麼會？每個樹都爬過了啊！」其實他才是真正不卑不亢的人，過著了不起的生命選擇。與他一同創造金獎瀑布的手足共九人，現在僅剩下六人，而且分散各處，只有他一個人願意留居原鄉。

他並非無處可去，過去還曾經營土木營造事業，但他選擇了原鄉生活，還因此在市區和家鄉都蓋了不少房子。不過，也許原住民真的太純樸，他笑著告訴我，那瑪夏全鄉加起來，營造後的未催收欠款高達三、四十萬元，但他卻不打算索討。操著原住民的特殊口音，他開朗地說：「欠到人都死掉囉！」我忍不住笑了出來，讓一向嚴謹的「老師」形象破了功。

明明在山上生活清苦，他卻不像漢人想搬家、想討帳、想過富裕的生活。最讓人難以接受的應該是醫療不便，有任何病痛，只能靠忍耐度過，因為下山求醫至少要兩個小時。所以，牙齒蛀了就不醫，放著爛到掉，這也是為什麼他的牙都快掉光了。地

23 卡那卡那富族（Kanakanavu）指居住於楠梓仙溪上游一帶，現今主要分布於高雄市那瑪夏區瑪雅里和達卡努瓦兩里範圍內，人口約五百餘人，自稱kanakanavu的一群人。他們也是最早移居楠仔仙溪上游一帶的族群，現已成功正名列入原住民的一族。

處偏遠讓郵差常常一個星期、甚至十天才來一次，訂的報紙變成週刊和月刊；瓦斯也很貴，送一小桶瓦斯一仟元起跳，所以他家都燒柴。同族的太太也吃苦耐勞，每天都得燒柴才能作飯、洗澡，他則得務農、劈柴，因此門口堆放了許許多多的木塊，全是他一刀一斧劈出來的。

山上的農活和平地不同，他種植生薑二十多年，一年才一穫，所以還得種水蜜桃和愛玉才夠貼補生活。今年，他又加種了椴木香菇。當初我抱著為原鄉推廣生意的心情，自找麻煩替完全不會做生意的他招攬同事們團購，沒想到過程雖多波折，產品卻好得嚇人。他種出的香菇又厚又香，乾燥後脆如餅乾；在尚未乾燥前生食更是鮮美的勝過雞肉，Q彈的口感讓人完全懷疑「香菇」的定義。一年當中，只有幾週能碰巧吃到這樣的新鮮椴木香菇，與市售的太空包香菇相比，實在是西施比村姑。那美妙的滋味，讓我如今一想到還是口水直流。

其實他進入司法體系，真可謂一場大自然與人類合演的悲劇。當時為了卡那卡那富族最重要的典禮「河祭」[24]，他被賦予重責大任，負責準備儀式的最高潮——釋放魚兒回到河裡。為了取得魚兒，他帶上電魚的設備去電魚，當場被橋上的警察撞見。我處理過不少電魚的案子，甚至聽過許多令人啼笑皆非的理由，但這次我相信他說的是真話。原來早期「河祭」放魚都不必擔心，因為河水清澈，魚兒優游，徒手隨便捉都有，而且絕不會傷到魚兒。但自從環境污染漸漸增加，魚兒就變少了。而且最嚴重的就是這次的八八風災，整個山頭走山，連河道都改道了，想徒手捉到活魚，簡直難上加難。但他不能用垂釣或網撈，魚兒一旦受傷，就是不敬，只有電魚才不會讓魚兒受傷。等被電昏的魚兒甦醒，自然可以承擔象徵生生不息的角色。

我們人類一直以來只顧著永續自己族類的生命，卻經常竭澤而漁，惡意滅絕其他的生命，現在大自然反撲，最先危害的，其實是一直與山林溪谷和平共存的原住民！而且，在整個司法過程都按照規章走，卻走到了讓他最痛苦的結果。這讓我不免升起負面情緒，就連鄉長也稱他是「背著全族十字架的人」。

然而，他們可愛的性情不自覺也治癒了身邊的人，當我面露憂色問他：「不電魚，將來河祭還是沒有魚，怎麼辦？」他竟咧開黑洞洞的嘴巴，笑得露出幾顆白牙，他得意地說：「沒問題！我已經用石頭把魚養在河裡了！」他看我一頭霧水，解釋半

24 「河祭」約起源於三百年前。當時族人遷徙至高雄那瑪夏溪（即楠梓仙溪上游一帶），溪中有豐富魚蝦資源成為族人重要獵場，因此為感謝天神的美好賜予而發展出這個祭典，在春夏之際舉行。資料來源：二〇一一年四月六日中央通訊社報導〈高雄特有卡那卡那富族河祭將申登原民無形資產〉

天我才明白，原來，他先把小魚圈在石滬裡養個一年，以備所需。還真是聰明！

看看山外騰起了煙嵐薄霧，天色暗得比山下快很多。我想到又得經過那段「陸上行舟」的痛苦路況，不得不盡快告辭。他馬上用我聽不懂的族語吩咐太太，從堆農具的邊屋拉出兩袋沾著泥土的垃圾袋，原來是早就準備好的土產。我堅持不收，結果他們夫婦兩的臉色都很難看。若要翻譯這臉色就是：這城市來的「小姐老師」很看不起我們。我馬上改變立場，高興地收下，但堅持支付差不多的市價。他們夫妻倆又開始用族語交談，我就算聽不懂，瞎猜也明白：他們認為沒有禮物讓我帶下山，是對他們嚴重的羞辱。於是，我順手指著堆在他家門口、看來像要準備砍來當作柴火的短樹椿，表示出高度的興趣。他馬上熱烈的介紹說，這是公所說可以砍的樹頭，所以他砍來要製作家裡的用具。

他最近才揮舞電鋸，把一個樹椿切割得四方又平整。體型瘦瘦小小的他，一手拎過來這塊似乎像砧板的木板，顯得輕鬆無比，但我卻得用雙手抱住，沉得我還不小心露出「好重！」的表情。他們夫妻倆開懷大笑，我也忍不住笑了起來。懷裡沉重的木板飄來清新的香氣，原來這就是金線般的辛辣香味！樟樹自然的芬芳借助人類的力量顯得更加閃亮了，因為山的香，不只是山香，也是山鄉。

17 兩光和尚

【犯罪類型－妨害性自主】

第一眼看到他，就打從心眼裡想笑……

我真的不是取笑他，而是他擁有一種渾然天成的喜感，即使是嚴肅的「衙門」震懾威力再怎麼強，似乎也近不了他的身。圓乎乎的腦袋配上剛出監毛絨絨的三分頭，滾圓的眼睛不大也不小，剛好造成一種似視未見的茫然感。答話時，更是驚人地放送「笑波」，他的二顆門牙都不見了，笑起來就像個布袋戲人偶一樣。

用「哈麥二齒」來比喻也許很奇怪，但整體的喜感就是活生生的「哈麥二齒」坐在你面前。從那缺了門牙的嘴裡吐出的話，語氣都很正經，但邏輯都很天兵，每當我認真想聽，都得用力憋住哽在喉嚨裡的爆笑。所以，每次他報到完，我都得笑上好一陣子，再好好撫平快要笑斷的腸子。

雖然罪名是可怕的性侵害案，但認真討論他的案子，其實完全不可怕，反而令我有些同情。他好像是被女方騙上床再硬上一樣，總覺得有什麼地方怪怪的，前後邏輯兜不攏。約談了幾次，天兵級的對話常常進階到天將了，還是沒什麼進展。我突然福至心靈，詢問陪著他前來的媽媽說：「以前學校老師有沒有建議阿喜去做智能鑑定？」

「沒有哎，但是，有聽朋友說過。啊我就覺得說他是阿呆不好，怕人家講他，啊他又常常生氣，又嘛跟我吵架，然後就每次……。」

「等等等等，阿喜媽媽，所以，你有覺得阿喜不一樣嗎？」

「沒有啊，就常常不乖被學校老師打而已說，老師反正都不喜歡他啦！」

「那為什麼有朋友說要阿喜去醫院鑑定？」

「啊就他都大隻雞慢啼啊……」

我終於受不了這種無限迴圈的對話了，直接切入核心：「阿喜媽媽，老師覺得，阿喜可能有智能障礙或是其他的精神障礙。妳願不願意配合老師，帶他去做個鑑定？知道是哪裡不一樣，老師才能對症下藥教他，好不好？」母子相望，無言。我只好打鐵趁熱：「阿喜，老師覺得你是個好孩子（其實明明已經是個大人了），先去醫生那邊看看，試看看好不好？聽老師的話可以嗎？」

阿喜有些害羞地點點頭，或許是「好孩子」三個字打動了他，母子倆真的去掛號排智能鑑定。不過當時正值暑假，排鑑定的真孩子很多，我的這位「大孩子」久久沒有進展，我忍不住跟業務合作的衛生局「關說」，拜託他們幫阿喜擠出一個名額來鑑定。幸好不久之後排到了鑑定，不出我所料，阿喜果然是輕度智能障礙，還順利拿到身心障礙手冊。阿喜媽媽才終於了解，這個傻兒子是真的傻！

阿喜媽媽個性急躁，而且是位長年遭受家暴的婦女，本身就常處於焦慮狀態。這回為了阿喜被關的事，她更是焦頭爛額，說話總是很快很急很零碎。每當阿喜聽不懂，卻又沒辦法表達自己的茫然時，便習慣性地順從回答「是」、「好」、「會」、「懂」。然而每次做出來的事又亂七八糟，造成母子間的衝突不斷。

當阿喜感到焦慮或緊張，就只會用生氣或不耐煩的語氣表達，也就老是跟媽媽頂嘴。反觀媽媽既生氣又傷心，卻完全不知如何處理這樣的情緒，所以母子關係一直很緊繃。見狀，我只好介入輔導他們的親子關係，教媽媽如何「慢慢說」，教阿喜如何「聽懂話」再正確的回應。

很快地，阿喜媽媽就像見到媽媽一樣信賴我，阿喜也逐漸有了進步，經常在我的約談室跟媽媽小小的鬥嘴；而我則像個祖母兼法官，一邊出言安撫惜惜，一邊正色訓話罵人。阿喜還是一樣常常牛頭不對馬嘴，讓我差點破功笑場，但後來竟然進展到他能找到一份工作，這就令我喜出望外了。

或許是阿喜天生的喜感和勤奮使然，公司的歐巴桑們都很疼愛他，適應得也很好，雖然只是洗清挖土機這種簡單的體力活，阿喜也做得很愉快。阿喜媽媽要求不高，只希望他有工作就高興了，親子關係逐漸和諧，一切都像迎來了春天。阿喜每回報到，都像一隻傻傻的白紋蝶般快樂地飛舞……

突然有一天，阿喜竟然主動打電話給我，支支吾吾講了很久我才聽懂：阿喜一家人被繼父家暴打出門了！到底發生什麼狀況？我問阿喜也得不到解答，只好要求阿喜把目前暫時棲身的租處地址給我。第二天，我緊急訪視阿喜媽媽，找了好久，才在一棟出租大樓找到阿喜一家人暫時容身的小窩。出租套房的地上，整整齊齊排放了四張大小高度不一的彈簧床墊，還有幾件洗得褪色有如抹布般的舊衣服和薄被安坐在床墊上，彷彿訴說著受暴家庭的窮與苦。

阿喜哥哥前夜上夜班累得倒在床墊上睡熟了，阿喜媽媽見到我，就是一陣鼻酸欲淚，看著泫然欲泣的的阿喜媽和睡著的阿喜哥，我尷尬得不知往哪兒站還是坐才好。阿喜媽媽體貼地把雜物堆成一邊，勉強拉出一張嘎吱有聲的扭曲折疊椅請我坐，這才讓我避開了得坐在阿喜哥腳邊的窘境。

生怕吵醒阿喜哥，我壓低聲音問阿喜媽，到底怎麼回事？阿喜媽初婚就是受暴婦女，阿喜的親生父親酗酒成性，每次酒後就毆打老婆小孩。當時只有幼稚園大的阿喜，像隻小雞般被爸爸抓起來摔到水泥地上，那時檢查就知道有輕微腦震盪；阿喜的智能障礙，或許也跟當時的腦傷有關。所以，阿喜自打有記憶以來，就是不斷地挨打。

原本睡熟的阿喜哥這時緩緩張開眼，坐起來加入了回憶的行列。當時被打得最兇的就是阿喜和阿喜弟，因為哥哥已經接近青少年，體格發育很好，如今已經有一百八十公分高，所以爸爸只敢在阿喜哥做錯事時打他。但瘦弱的阿喜常常說錯話、做錯事，功課又不好，因此就算沒犯什麼錯，挨打也早已成為家常便飯。

阿喜和雙胞胎弟弟念國小時，家庭生活出現了重大的轉折。阿喜弟被發現罹患早發性的癌症，開始反覆不斷地住院和出院，於是，爸爸不再打阿喜弟，一股腦兒把所有挫折和怒氣，全都發洩在阿喜一個人身上。媽媽在場時，當然會維護阿喜，結果爸爸就連媽媽一起打。阿喜媽一邊在市場賣魚丸維持生活，一邊出入醫院照料生病的小兒子，一邊承受著阿喜爸爸總是突如其來的怒火和暴力，直到有一天，阿喜爸因為常年酗酒導致的猛暴性肝炎猝死。

如果是一般人，包括我自己在內，都會覺得終於結束了這種可怕的受暴生活，慶幸恐怖的枕邊人終於不會再動粗了。沒想到，阿喜媽哭了，而且哭得很傷心，她覺得不捨、覺得自責、覺得失落，對於這個吃軟飯、打人、不時罵三字經的家暴老公，充滿了懷念。一旁的阿喜哥憤憤不平地咒罵：「這種垃圾有什麼好懷念的?!」阿喜媽掛著滿臉的鼻涕眼淚，轉過頭罵兒子：「好歹也是你爸爸，怎麼可以這樣說！」我假裝無動於衷地冷眼看著一切，腦子裡閃過無數教科書中關於「受暴婦女心理狀態」的研究，但心裡卻實在無法接受，最親密的人卻是傷妳最深的人，妳卻沒有離開的念頭，還為了他的死而傷痛多年，這實在是「斯德哥爾摩症候群」的標準典型啊！

那麼，這次又為什麼被打呢？原來當時阿喜爸猝死沒多久，一個人拉拔三個孩子的阿喜媽在醫院照料癌症的阿喜弟時，遇到了追求者。孤獨寂寞又勞累的阿喜媽，被男友的體貼所打動，對方宣稱要好好陪伴和照料阿喜媽一家子。不久，阿喜弟還是敵不過死神的召喚，一家人離開醫院後，阿喜媽和男友很快就同居了，還生下了年紀差阿喜一輪以上的最小弟第，兩人結婚並夢想著從此以後過著幸福快樂的日子。

不知道為什麼，阿喜跟弟弟們相處都很快樂，無論是當時不幸罹癌過世的弟弟，或是這個同母異父的幼小弟弟，他們都是阿喜最好的玩伴和朋友。阿喜也會管教弟弟，指正許多日常生活起居的細節，即使阿喜自己老是不剪指甲被我罵，但阿喜還是一個好哥哥。

儘管如此，新爸爸並沒有遵守當時的承諾，好好愛護阿喜媽媽一家人，反而與阿喜的親生父親如出一轍地家暴。在無差別毆打阿喜媽、阿喜哥、阿喜和親生兒子小弟後，新爸爸發現阿喜哥會反抗，於是只好集中火力打阿喜！無論是誰在施行暴力，阿喜總是受傷最重的那一個。

阿喜被關的事，變成動不動就挨打的理由；其實就算沒有原因，也往往動輒得咎。阿喜跟媽媽都一直隱忍著，直到那天，阿喜哥在上班，阿喜又為了某個想不起來的細故被打，阿喜媽一如過往衝過去護著阿喜。新爸爸這回打得阿喜媽手臂淤血，忽然間，阿喜突如其來暴怒地回擊了。這下子可嚇壞了阿喜媽，她拉著阿喜和早嚇得躲在一旁、才讀國中的小弟衝出了家門。母子三人身無分文，呆坐在附近公園的長椅上，被蚊子咬了一夜，全身又癢又痛，直到天明……。

這回阿喜媽決心搬出來住，也報警聲請了家暴保護令。我也覺得這是脫離家暴循環的好機會，鼓勵阿喜媽用法律爭取自己的權益。阿喜媽趁著送我下樓時拉住我的手臂：「老師，我想可能是我太強勢了，所以他才會動手。如果我放軟一點，他應該就不會……」我默默傾聽她從神明、師姐、朋友、客人到阿喜等處得來的不同理由和解釋，一邊不時抖動被蚊子攻擊的雙腿，一邊和阿喜媽互相打看得見的蚊子，臉上堆滿了苦笑。

我彷彿看見有一個漩渦從阿喜媽的心底深深地吞噬了她，也吸附著阿喜、阿喜弟、阿喜哥和動手打人的新爸爸。我終於忍不住打斷她：「阿喜媽，妳是不是希望老師給妳一個肯定的答案，說只要怎麼做，他就不會打你了？答案是，沒有。但是妳不想聽這個答案，對吧？」阿喜媽竟然笑了，笑得很燦爛，甚至笑出了聲音：「老師，妳怎麼跟廟裡神明講的一樣哎！」

阿喜媽又回去了，跟打人的新爸爸住在一起。但阿喜和阿喜哥堅持不肯同住一個屋簷下，所以就留在租處住，直到阿喜期滿那天，還陸陸續續上演同樣的戲碼。阿喜甚至來我這裡告狀，說媽媽已經撤回了保護令。我只能長嘆一聲，無言以對。社工理論有一種叫「案主自決權[25]」的說法，意思是指個案有權決定自己的人生，無論對他人來說是好或壞的選擇，都是屬於他自己的選擇，別人不能代替他去決定。我很難讓智能障礙的阿喜理解這個觀念：對於母親的選擇，無論是阿喜或是我，都沒有權力去阻止，即使我們都不贊成。

但阿喜給我出的功課可不只如此。某次約談，阿喜難得一見認真主動地詢問我

25 案主自決（Client-self determination）是社會工作的一項重要原則。一九三七年，社會學家Hamilton認為，案主有權力做成決定並解決其問題。Biestek（一九五一）認為，案主有權力與需求於個案工作過程中自由地進行選擇與決策。資料來源《當代社會工作：理論與方法》，林萬億著，五南出版。

「出家好不好？」這簡直是人生哲學大考驗！我又不是「活佛」，要回答這種問題實在困難。但阿喜也有「案主自決權」，所以我請阿喜正反理由並列，寫下自己出家的好處和壞處。阿喜寫了好久，好處列了很多，看了令人忍俊不禁，但壞處只列了一點，就是「媽媽生氣」。我覺得奇怪，問了半天他才老實交代：他出家的反對主力就是來自媽媽，所以他「包藏禍心」，想透過我來說服媽媽！

這智能障礙的阿喜可真是一點也不笨，幸好我沒中他的圈套。我沒有回答他出家好不好，但建議他要能跟媽媽達成共識，出家才會圓滿。要不然，他可以先用假日短期出家的方式先行練習，看自己是不是適合出家。阿喜覺得很有道理，興高采烈回家去了，我也以為了卻一大「禪問」。沒想到，一個禮拜後，阿喜媽就打電話來對著我大吐苦水、怒罵阿喜，哪是出家，根本是「逃家」！

不接媽媽電話的阿喜，卻接了我的電話。我滿肚子氣地把阿喜叫來，一心只想好好責問這小子。阿喜聽到我生氣頗為害怕，承諾下午馬上就過來。沒想到，我竟然在地檢署看見高僧下凡了！阿喜穿著一身淺咖啡色僧袍，足踏僧鞋，手持念珠，午後的太陽讓他背著光徐徐走來，就像佛畫裡的光暈一般。披風般的僧袍飄飄，柔軟的僧鞋行步無聲，就像高人走在雲裡。一時間我看不清他的面容，只看見圓圓滿滿的光頭發亮，彷彿金光四射，刺得我張不開眼。走近一看，阿喜笑開了那缺了門牙的嘴巴：「嘿嘿，老師，哇來啊！」我忍不住又笑了出來，阿喜的「功力」真是了得。

受戒出家，但是並沒有真的搞懂出家的意涵。好生勸說之後，阿喜終於願意跟媽媽講電話。當然，他在電話裡被媽媽痛罵了一頓，不久就又還俗回了家，乖乖找到工作，還用薪水分期付款買了一台機車代步。我深恐他又惹出什麼事端，期滿前幾天還跑去他工作的地方看他。

阿喜一開始得意地向我炫耀機車和工作，後來卻突然難過地說，他不想「畢業」，問我可不可以延長期限？觀護人的個案中，只有希望提早結束保護管束的，哪有人想要延長被管束期間的？我又破功笑了出來！這成天給我惹麻煩的小子，從第一天到最後一天，都不令人失望地把老是生氣又嚴肅的觀護人逗笑，用他天兵的邏輯，以及一顆樸拙的真心。

18 青菜王子

【犯罪類型－毒品】

「頭家，有沒有豆菜？」

「歹勢歹勢，豆菜賣完了，甘愛別項？」

「頭家，總共多少？」

「好，一樣樣來算給你喔。高麗菜八十、應菜二十、豆干三十……」

他眼明手快過秤、報價、心算、裝袋，一邊不忘把容易壓壞的葉菜類調整好位置，順手抓起一把蔥，塞進客人袋子裡。離手前正好將嫩薑丟進去，簡直是正中籃心，迅速地再招呼下一位客人。

高雄的太陽一向威力十足，菜市場更是悶熱得像個大蒸籠，他身上那件陳舊Polo衫沿著汗水的軌跡被浸透出兩種顏色，彷彿人體汗腺的指示板一般。偶爾，他會用手隨意揮落晶亮亮滑落額角的汗滴，但多數時候，他忙著讓青江菜、小白菜、龍鬚菜、菠菜們看起來亮晶晶。

時不時的，他也要從後面滿滿的批發籃裡，俐落地用手掌的虎口當作計算單位，綁出一把一把的菜，讓賣出去的菜再補滿位子。沒有客人時，他忙著掃地，把掉在地上的破菜葉和髒水全部弄乾淨。他並不知道，在柱子的掩護下，我躲在賣蛤蜊的攤位後面，偷偷觀察他的一舉一動。

記得受訓時，有一位專攻毒品戒癮的醫師曾再三叮嚀，毒品個案的再犯率極高，要記得一句話：「好話說盡、壞事做絕。」這些個案再次吸毒的過程，總在發誓、承諾、破戒、道歉、痛哭、再發誓、再承諾、再破戒、再道歉、再痛哭中無限循環。直到我實際接觸到毒品個案，才發現這句話是多麼貼近事實。所以當他剛來報到時，我並不相信他會真的願意吃苦耐勞在父母的菜市場攤位工作，尤其他的吸毒史又長又混用安非他命與海洛因。

所幸報到了好一段時間，驗尿都正常，而且完全不曾耽誤過任何一次報到。每次報到時，他看起來都整齊乾淨，一點也不像在菜市場忙碌的模樣。僅僅有一次，他提出請求表示，他大約十點左右才能來報到，因為一早五、六點就要批菜、載菜，到了攤位後下貨和整理完，至少也得八九點了。為了表示對老師的尊重，他希望至少要洗過澡、換了衣服再來報到，所以十點才會到。

像這種合理的請求，我沒有不允的道理。只不過，我仍然對於他工作的狀況存疑，因為他過去曾是個擁有專門技術的白領，整天在辦公室吹冷氣。也許只是為了給觀護人一個好印象，所以暫時跑到菜攤工作。像這樣的狀況很容易露出馬腳，我想憑藉著我每周買菜的經驗，一定能靠著約談讓他破綻百出。於是，我開始聊天般問起菜種、菜色、天氣、收成、價錢等等……。

奇怪的是，他不僅對答如流，還提到一種讓人好奇不已的水果——「蘋果苦瓜」。他說這是一種有行無市、有錢也不一定買得到的新產品，雖然長得和一般白色苦瓜很像，但真的不苦，而且充滿了苦瓜的甘醇，是常年合作的瓜農研究多年的成果。偶爾有貨時，就會給他們家的菜攤賣。不少客人吃過一次就上癮，回頭要買已經買不到了，只好失望而返。

真有這麼神奇的苦瓜嗎？為什麼我從來不曾聽說過？我擔心是自己廚藝歷史太短，四處求教於媽媽級的大廚，然而竟無一人聽過。正當我疑心是騙局一場時，有次刁嘴的大長官宴請，席間閒談正歡，長官突然想念起曾經吃過一次協助庶務的大姐煮過美味的「蘋果苦瓜」，此後不曾再品嚐到這樣的人間美饌。長官開玩笑問起庶務大姐，是不是怕麻煩，所以就不再做這道美味無比的「蘋果苦瓜」？庶務大姐開朗地大笑：「不是不煮，是買不到了啦！」大姐具體形容起這種蘋果苦瓜的模樣，赫然與他所說的一模一樣！

光聽仍然不能讓我完全相信，在無預警的實地訪視後，我才真正相信他的工作的確屬實。菜攤生意日復一日地忙碌，他已經決心接手家裡的生意。幸運的是，他的兄弟們都有各自的專業，並沒有競爭心，反而很高興他願意協助父母的生意。

菜攤生意不像讀書人想像中的簡單，從父母輩打下的江山，他必須從頭學起。父母帶他先當綑工，去認識最遠北至路竹、南到林園的菜農們，培養挑菜的眼光，學習談價的技巧，建立互信的基礎。菜農們看在父母面子上，言語雖然親切，但談到批菜，畢竟人人都要謀生，本事各有不同，並不因為他繼承父業而對他特別友善。相反的，他必須以真正的專業能力爭取菜農們的認同。

回到攤位上，如何開價、如何計算、如何促銷、如何應對個別性差異很大的散客，都是學問。更難的是，他家的菜攤還做批發，得四處送菜給餐廳、快炒店、烤鴨店，而近日新近的大客戶，是慈濟功德會。多數的客人也是父母早年經營的人脈，合作很多年了，所以打電話來叫菜，總是沒頭沒尾草草交代完就掛斷。

一開始，這真讓他一頭霧水。更困難的是，不少店家連電話都不打，算月結，他必須每天固定送菜過去。而不同店家習慣常用哪些菜色，統統得牢記；價錢更是一口價，雙方講一聲就結束。有時要追加菜貨，更只是在背後喊了一聲，菜送完之後，萬一忘記回攤子記在這個月的帳上，那可就虧大了。況且忙著扛菜的他，哪裡還有多餘的手拿筆拿帳本？這種做生意的形態實在不簡單，讓即使勤做筆記還是常忘東忘西的我暗暗心生佩服。

他來報到時，最常討論的話題除了賣菜的生意經，還有孩子的教養問題。原來離婚後他與前妻各自獲得子女的監護權。即使是前妻所監護的子女，他還是希望善盡父職，這在受保護管束人中可謂難得一見的慈愛特質，不只是以金錢負擔養育責任，更是希望專心努力履行「父親」這個身分所帶來的教育責任。所幸他分手得成熟，前妻也很贊成子女仍然可以獲得來自父親的關愛。

至於他父母替他帶大的子女，因為服刑而產生的隔閡，也一樣令他傷透腦筋。雖然很多人都說「當了爸爸以後，才開始學做爸爸」，但其實，當爸爸真的不容易，尤其現代父母可不像五、六〇年代的父親那樣，只要負責賺錢養家就好，說到要了解子女、關心子女、指導子女各方面，絕大多數的受保護管束人都是不及格，甚至反而造成子女的困擾，讓子女承擔起父母責任的例子，更是屢見不鮮。

既然這個個案難得有心想要「當個好爸爸」，身為他口中的老師，我怎能不好好教他？不過，可能是我的外型和性別讓他實在不太相信老師能談論這類問題，所以初期他很努力掩飾心中的懷疑。每每談到孩子的事就輕描淡寫地帶過，但身為一個專業人士，是無法看著線索在眼前飛過卻不伸手抓住的。我忍不住主動出擊，幾句關鍵問題讓他把眼睛睜得老大並驚呼：「老師，你怎麼都知道?!」

我不知道應該認真回答「這是我的專業」，還是取笑他怎麼看扁了我，所以決定忽略這個問題，繼續討論教育方針，並且給他具體能夠實踐的建議。不過，即使這樣的專業對話發生過好多次，他還是忍不住訝異不已。這次我終於忍不住了，問他：

「現在菜攤上，每一種菜你都認識吧？」

「當然呀！」他得意地說。

「怎麼煮你都能向客人介紹吧？」

「沒問題啊！」

「所以，這是你身為菜市場王子的專業，對吧？」

他停頓半晌，觸類旁通地反問我：「那麼，這也是老師做大教育家的專業？」

不，我很認真、很誠心告訴他：「我們沒有什麼偉大的名稱，只是做個觀護人，就應該是這樣的啊！」

多年後，我調離高雄後又回鄉，他也已經期滿畢業，但我仍然記得他菜攤的位置，希望還能看見仍然認真打拼的他。因為根據經驗，出獄後的受保護管束人通常會換手機、換電話、換工作，甚至人間蒸發。尤其是毒品案件比例最高，所以如果還能見到他，就表示他沒有再次吸毒。可惜，我去的時候，只看見他的媽媽午後辛苦地一個人守著菜攤。

不死心的我抱著一線希望，暗忖或許是時間不對，所以又再去了一次！這次刻意拚了個早，不到九點，趁市場人潮開始湧入前快步走向菜攤，結果遠遠就看見他和爸爸、媽媽都在攤位上忙著招呼客人。我靜悄悄地挪到攤位前，像一般客人那樣隨意挑選起想吃的菜。他很快地往我這裡招呼，而且馬上把我認了出來。

他咦了一聲：「老師？妳回來了嗎！」他高興地跟身旁的爸爸介紹這是他之前的觀護人，又說要算便宜一點給我。看見他開朗認真工作的模樣讓我無比喜悅，根本不需要算便宜，我請他和家人該怎麼算就怎麼算，一毛錢都不該少，但記得幫我蔥尾不要拔掉，因為我煮肉會用到……。

他怎麼都不肯接受，找了各種理由，擺明要算我批發價。或許就是這樣質樸的人情味和真性情，讓這片土地充滿了與豔陽競賽的溫暖。我尊重他的專業，請他為我推薦時令的菜色。他隨手拿起看起來其貌不揚的竹筍，我不禁露出疑惑的神色。我的出生地靠近鮮綠竹筍的產地三峽，那裡的竹筍好吃到能媲美梨子，而過去每次在高雄買的竹筍，相形之下則又粗又澀又苦。但既然是他推薦的，我還是吃吃看好了！

回家後，我抱著多疑的心思，將竹筍切成滾刀狀，沒有任何調味料或沙拉醬，直接丟進了嘴裡。門牙輕輕一咬即知的細柔，筍肉猶如甘美水彈爆開，濃郁筍香充滿口腔中，吞下去餘味猶留，只想再來一塊！原來菜市場王子看起來隨手挑撿的竹筍，才是專業人士的真功夫啊！

19 綠野仙蹤的桃樂絲

【犯罪類型－詐欺】

她是同事因為職務調動而移轉給我的個案。交接的時候，同事好心提醒我，這個酒店小姐已經懷孕大概快三個月了，之後可能要有生產的處遇。我理所當然的回問：「既然懷孕，那是跟男朋友或先生住在一起吧？」同事遞給我一抹意味深長的微笑：「沒。那是酒店客人的小孩。」

啊？我只聽過酒店小姐玩弄客人感情騙錢的，沒聽過酒店小姐幫人生孩子的！而且對方並沒有讓她上岸從良，她卻幫他生小孩？同事苦笑的聳聳肩說自己也勸過個案，擔心男方事後不認帳，但是個案堅決相信男方承諾會迎娶她，所以她繼續在酒店賺奶粉錢，打算做到肚子大起來、再也遮不住為止。我心想，也許這位同事是男生，不好意思跟個案講得太直白。等個案本人來報到的時候，我再以女性的角度好好勸導一番，也許就有機會了。但，我當時沒預期到自己的勸導是多麼的徒勞。

換股之後的第一次會談，桃樂絲坐在我對面。我有點吃驚，小小的臉，暗淡的肌膚，不明顯的五官，瘦弱的手腳，外表一點也不出色，要說清秀都有些勉強。我試探性的問了桃樂絲，現在懷孕了不能陪客人喝酒，只能聊天，那麼，要跟客人聊什麼呢？桃樂絲歪著頭想了一會：「也沒有聊什麼啊……」

桃樂絲的反應很慢，言談間甚至有些遲緩，簡直毫無魅力可言。不靈巧的動作既不性感又不可愛，更沒有女人的嫵媚。我心裡很驚訝，但又不敢問出口，桃樂絲為什麼有辦法勝任酒店小姐這樣的工作？因為我遇過的八大行業女性都是生存智慧的佼佼者，她們的外表多半具有相當的美色，要不然就是很了解人性（或說男性），大多數當然是兩者兼具，否則怎麼有辦法悠遊其中、讓這些男人心甘情願從口袋掏錢出來呢？我還是不死心，追問桃樂絲：「肚子大起來了，客人應該會發現吧，那應該會沒有人點檯呀！」

桃樂絲又歪著頭想了一會：「還好耶，看不出來啊……」「怎麼會看不出來？你外套脫掉，我看一下？」桃樂絲慢條斯理，很配合地把外套脫了下來，果然肚子並沒有很明顯，但我終於知道為什麼桃樂絲可以在酒店上班了，目測有G罩杯！客人點了桃樂絲的檯應該什麼話都不想講，光是看到比頭還要大的胸部就已經喪失思考能力了吧……

目前最緊迫的問題，其實是肚裡的孩子。陶樂絲一臉幸福洋溢的宣布，她要把孩子生下來，因為男友跟她保證，只要將孩子生下來、做完月子之後，他們就會辦婚禮。她會有一個幸福的家，然後兩人一起搬到台北去跟爺爺奶奶一起住；他們也會幫忙照顧小孩子……我忍不住打斷桃樂絲如夢似幻的囈語，連珠砲般問她：「男朋友認識了多久？在哪裡認識的？做什麼工作？跟父母親見過面了嗎？雙方都能夠接受自己酒店的工作嗎？」桃樂絲歪著頭想了想，緩慢地回答我：「就在店裡認識的啊……點了幾次檯嘛。他在做工，我們還沒有跟爸爸媽媽見過面啊……不好講啦，店裡的工作之後就會辭掉了啊，沒關係啦。」

我無法想像，一個做工的工人，去酒店花錢玩樂，這個開銷可是相當驚人。而且他並不是第一次去酒店，這樣的男人值得託付終身嗎？我簡直語無倫次地逼問桃樂絲：「你們現在還沒有結婚，就已經懷孕了，萬一這個所謂的『男朋友』根本不想負責任，不想娶妳、也不想認這個小孩，你一個女人家，有辦法拖著孩子活下去嗎？」

沐浴在愛河中的桃樂絲笑容滿面、非常堅定地回答我：「老師，才不會這樣啦，我們現在每天都有Line呀。他去別的地方工作，也都有告訴我啊，他真的會娶我啦，而且他很喜歡小孩耶！」我的頭皮開始發麻：「等一下、等一下、等一下、等一下。妳剛剛說的意思是，你們懷孕之後就沒有在一起，所以，他已經回台北的家去了嗎？你們根本沒有實際相處在一起嗎？」桃樂絲一臉理所當然地告訴我：「對啊！後來他就回台北家裡去了。我有Line他、告訴他我懷孕的事情，所以他才跟我說，他要這個小孩，叫我要留下這個小孩呀！」

此刻我終於明白，無論是同事或我再怎麼勸說，桃樂絲都不可能聽得進去。我只好勸桃樂絲至少該說服男友，先辦個公證結婚的手續，比較有保障。她還是歪著頭甜蜜的笑著：「老師，不用啦，我男朋友說現在工作很忙沒有空辦這個，等小孩生完做完月子再一起辦就好了啦，他會工作賺錢來辦婚禮的！老師你到時候要來給我請喔！」

我發麻的頭皮開始浮出青筋而且爆痛：「等一下、等一下、再等一下。桃樂絲，公證結婚的費用只要一千元，對面法院就可以辦了。你去台北找他也可以辦，坐高鐵上去辦完，就可以回來，晚上在酒店繼續上班。男朋友總不會連這種時間都沒有吧？」「對啊！他很忙的。」「……。」

時間過得很快，桃樂絲的肚子和胸部一起有了爆炸性成長，但她細細瘦瘦的手腳卻幾乎沒什麼改變，所以走起路來非常的搖晃。每一個月晃進我約談室的時候，都讓我覺得更加頭昏眼花。桃樂絲拿著「媽媽手冊」給我看，愉快地跟我分享孕婦的期待與喜悅：照過超音波了，是個男寶寶，很健康也很正常，一天一天的長大。七個月了要到台北男朋友家去生小孩了，這是她第一次跟男友的爸爸和媽媽見面！

聽到這些，我頭昏眼花得簡直要吐，懷孕該吐的是桃樂絲又不是我！但我實在無法想像，第一次跟未來的公公婆婆見面，已經挺了一個大肚子，就要住進素昧平生的人家裡去待產，這怎麼會是一件好事呢？我忍不住責備桃樂絲，為什麼要拖這麼久才到台北男友家去生產？為什麼不早點跟對方父母先見過面，比較有禮數？桃樂絲還是悠悠地回答我：「因為我的八隻小狗托托一、托托二、托托三、托托四……要找人照顧啊！網路上有很多人說要養牠們，我要替牠選一選，找個好主人，才可以抱托托給人家啊！」

「要養狗可以，但妳自己生活都成問題了，為什麼還要養這麼多隻！」我已經開始發火，但桃樂絲毫無所覺地笑著回應：「啊那時候養了托托一，我怕上班時牠太寂寞，就買了托托二來陪牠，結果就生下來了嘛……。」小狗托托們或許有了好的歸宿，但是桃樂絲沒有。

沒多久，她就打電話來跟我哭訴，抱怨男友都不理自己、不關心自己，抱怨男友的媽媽嫌棄自己的衛生習慣，抱怨男友的爸爸上廁所太久讓頻尿的孕婦沒辦法進廁所。但是現在不留在台北把小孩生下來，也沒辦法回高雄生活，畢竟自己既沒有工作，又沒有辦法靠著之前的存款養活小孩，所以只好繼續忍耐，看看生完小孩之後會不會好一點……。我百般無奈地聆聽她的抱怨，勉強壓住自己的嘴角，阻止自己說出「老早就告訴過妳！」這句話，更不能說出我認定會實現的預言——桃樂絲生完小孩之後，情況也不會比較好。

果然，坐月子期間，桃樂絲的抱怨更多了。從餵奶的方式到坐月子禁忌、到什麼時候才會準備結婚典禮等細節，沒有一件事不跟男友吵架。男友的媽媽已經懶得理她，只關心那個剛出生的金孫；男友的爸爸則完全無視桃樂絲的存在了。老實說，我心底很替桃樂絲覺得不值，生個孩子簡直比代理孕母還沒有尊嚴。吵架到了最嚴重的時候，桃樂絲使出殺手鐧說要回高雄，這時男朋友竟然直截了當地說：「好啊！妳自己回去，把孩子留在台北就行了！」

傷心欲絕的桃樂絲放聲大哭！接下來，男朋友竟然天天夜不歸營，還把臉書的感情狀態從穩定交往直接改成單身，時不時放上跟陌生女子的快樂出遊照。桃樂絲想挽回男友、又氣男友丟自己一個人在陌生的家裡，打電話給對方，三言兩語又吵起來，最後直接被設為「拒接來電」。

一哭二鬧三上吊的次數多了，兩人的關係越是雪上加霜，這讓桃樂絲下定決心收拾行李回高雄。男友只講了兩句話：「妳敢回高雄就是拋棄小孩！我以後讓妳再也見不到小孩！」六神無主的桃樂絲坐在行李箱上痛哭，竟不知道該不該拿起行李箱走人……哭完之後，她一邊吸著鼻涕、一邊紅著眼眶，又把行李箱打開，把少得可憐的孕婦裝一件件拿出來再放回衣櫃裡。

沒多久，桃樂絲還是回高雄來了，其實說是夾著尾巴逃回高雄，可能更精準一點。桃樂絲是新手媽媽，乳汁分泌不順，而且似乎也沒有足夠的母乳可以餵哺剛出生沒多久的孩子。因此，接手餵牛奶照顧孩子的是男友媽媽，沒奶水的桃樂絲地位比牧場的乳牛還不如。她想抱抱自己的孩子，孩子卻哇哇大哭，只願意被長時間照顧的男友媽媽抱在懷裡。

桃樂絲既挫折又沮喪，請男友跟媽媽溝通，不料男友完全跟自己的媽媽站在同一陣線。現在，他們才是真正圓滿的一家人——男友、男友爸爸媽媽，跟家裡的金孫。至於桃樂絲，她只是個可有可無的路人甲，不，是一個沒有奶水、連剩餘價值都失去的乳牛。就算男友沒有家暴、沒有毆打、沒有出言辱罵，桃樂絲再也待不下去了。

約談室裡的衛生紙一張一張消失在桃樂絲的鼻水和眼淚汪洋裡，老實說，我真的不知道該怎麼幫助桃樂絲。從法律上來說，她並沒有受到任何傷害，所以不能構成家暴的罪行。這個剛出生的嬰兒受到完善的照顧，儘管不是由親生媽媽照顧，但仍然是受到良好的保護，整個事件沒有被害人、也沒有加害人，只有一個淚眼汪汪的女人，苦苦哭訴著。我不需要靠水晶球，就已經預見了她的未來。

孤身一人回到高雄的桃樂絲，之前在酒店存下的錢早就消耗殆盡。自己的生活費就已經成問題，男友還告訴桃樂絲，如果不支付小孩的撫養費，將來就不讓她看望小孩。所以，她還得付錢給男友養自己生的小孩！這在法律上實在毫無邏輯可言，男友也沒有立場要求這種錢，我勸桃樂絲乾脆直接向法院申請探視權，還詳詳細細跟她解釋了家事法院的規定。桃樂絲安安靜靜地聽著，最後跟我說：「老師還是不用了，我給他錢就好了……。」

地檢署辦了很多次就業輔導活動，我強迫桃樂絲去了很多次，她卻三番兩次放我鴿子，或是推託已經找到了工作。最後，她好不容易在餐廳當了服務生，後來做不了多久，她又回酒店去了。雖然這在我的預期之中，不過我看她似乎做得相當快樂，我也沒有立場禁止成年的桃樂絲在酒店做小姐。她來報到的時候比較少哭，比較常笑了。最開心的一次，是她帶著新男友來跟我見面，興高采烈介紹這個長相英俊帥氣的型男愛人是在做討債的，兩人經由朋友介紹認識，現在甜甜蜜蜜的在一起了！

桃樂絲還記得當時我罵她的內容，趁著男友不在時偷偷跟我說：「老師，這次男朋友不是在酒店認識的，所以跟上次那個不一樣了啦！」合法的工作，是桃樂絲的自由選擇；成年的男友，也是桃樂絲的自由選擇。不過，我仍然不需要水晶球，就可以預見桃樂絲的未來。三、四個星期之後，我收到了桃樂絲的信，這封信寫得支離破碎，大意是男友劈腿在網路上謾罵她、侮辱她、傷透她的心。

綠野仙蹤故事裡的桃樂絲帶著小狗托托，巧遇稻草人、錫人和獅子，去尋找偉大的魔法師奧茲，請求魔法變給他們自己所沒有的東西。稻草人想要一個腦袋，錫人想要一顆心，獅子想要勇氣，而帶著小狗托托的桃樂絲，只想回家而已。現實世界中，我的個案桃樂絲並不是很想回家，卻還是回家了，而稻草人、錫人和獅子想要的東西，桃樂絲也通通都沒有。更糟糕的是，她並不覺得自己沒有！所以就算真的遇見了偉大魔法師奧茲，桃樂絲也沒有辦法請求奧茲，賜給她根本就不知道自己缺乏的東西。

我萬般無奈，只能一而再、再而三看著桃樂絲不斷被命運的龍捲風帶走，過著像落葉般隨風起伏打轉的人生。我的嘆息與祈望，只不過是另一股弱小的逆風，消失在命運龍捲風之中，吹不進她的耳中。可悲的生命、流離的活著，沒有腦、沒有心、沒有勇氣改變自己人生的桃樂絲。

20 再見阿郎

【犯罪類型—槍砲案與黑道組織】

一開始報到的時候，我不喜歡他，他也不喜歡我。我們都有感覺，但彼此都很上道的沒有說破。

我不喜歡他的原因很簡單，因為他的前科實在太多了，從年輕開始就出入監獄當作自家廚房，年紀大了應該很難改變；又沒有重要「他人」[26]，所以，憑我的刻板印象，覺得他大概沒什麼希望。他不喜歡我的原因其實也很簡單，因為他很不欣賞他前

26 意指對個案而言有重要意義的學習仿效對象，可以影響個案的社會化與性格塑造。

一次假釋的觀護人，所以他覺得天下烏鴉一般黑，也一樣是刻板印象，對我不抱什麼希望。這個真實的原因，我起初並不知道，是他在報到了很久很久之後，大約期滿前一個禮拜，才「不小心」告訴我的。

戶籍雖然在老家，但阿郎一開始就不肯住進戶籍地的老家，說是不想打擾弟弟一家人單純平靜的生活。畢竟爸爸媽媽都過世了，全家也只有自己有前科，他不想影響弟弟一家人，所以借住在鄰近的朋友家，說朋友會帶自己去做工。這些理由表面聽起來都很合理，但感覺都很不踏實，從十四、五歲就開始混幫派的阿郎，要金盆洗手彎下腰去做工，實在讓我無法輕易相信。而且，他又不肯跟家人同住，我心裡不免浮現暗黑的想像：所謂的「朋友」，實際上就是原本犯罪集團的成員，一大群幫派份子躲在所謂「朋友」的家裡，堆滿一大堆黑槍、製造一大堆毒品……。但我什麼都沒有說，我突襲訪視！

阿郎不在家，同住的朋友說他去工作了。平凡無奇的鄉下透天厝，一樓擺放了電視、冰箱跟幾張破舊的籐椅，有的椅子的藤線都已經斷開來，四處沾滿了灰塵，簡單而樸實。阿郎朋友的應對進退看起來不像黑道份子，但也不是什麼良民善類。沒看到我想像中的黑槍跟毒品，保住了我的小命，但我還是不太相信阿郎朋友說的話。

報到時，我對阿郎旁敲側擊，阿郎也很明白我並不相信他，坦白告訴我工作確實不順利，時有時無，但是堅持那天的確是去工作。接下來，他一下子做工地，一下子換去河川地築堤防，最後又說搬到魚市場附近住，因為每天凌晨就得去魚市殺魚。真真假假、假假真真，好長一段時間，我完全無法判斷阿郎所說的真假，但是當他形容自己穿著青蛙裝在魚市場綁活鱸魚讓魚頭尾翹起、切虱目魚肚的刀工時，確實符合海港人處理魚貨的習慣。不過，我還是沒辦法百分之百相信他。

直到有次報到，阿郎一坐下來就一反常態連珠炮般跟我抱怨，哭天搶地說自己「險險被抬去埋」，真是有夠慘的慘，沒有什麼比這更慘了……阿郎哀嚎了半天，我才有機會問清楚事情的原委。原來，在刀光劍影中討生活三十年都沒在怕的阿郎，竟然敗在小到看不見的海洋弧菌手下！阿郎殺魚的時候，不小心被魚鰭刺傷了手指，傷得不重，他也沒在意，所以完全沒有處理傷口。當晚洗澡睡覺時，突然感覺一下發冷一下發熱，發起了高燒，全身痠軟又劇烈疼痛，又噁心、又想吐、又想拉肚子。

偏偏阿郎自己一個人住在魚市場附近的小套房，喊救命也沒人聽到，只好忍著痛苦翻來覆去一整夜，薄薄的床板都被冷汗浸濕了一大片。直到天亮，阿郎爬著滾下床摸到手機，趕快打電話請朋友載自己去醫院。醫生看到阿郎的狀況，二話不說就勒令他住院，還警告他說，如果不好好治療，真的會有死亡的危險。就這樣，一輩子沒有在「驚三小」的阿郎，終於被小細菌給驚到了。

病好了之後，阿郎勇敢地繼續上魚市場工作。我跑去岡山魚市場看他，沒料到，我到的時間太晚，魚市的攤販老早就收拾得只剩滿地空塑膠箱跟魚腥味的水漬。我轉戰到阿郎跟我說的出租套房樓下，一眼就看到大廳掛著兩套青蛙裝，一套還正滴著水。阿郎見到我出乎意料地開心，自此，他成為我的活康熙大字典「黑社會版」。

早些年，黑社會阿郎的一天從傍晚開始。起床之後刷牙洗臉，穿上很瞎趴[27]的名牌衣服，戴上紅蟳或滿天星[28]，發動米漿[29]，就準備跟三五哥們一起去吃飯然後走店[30]了。阿郎對於現在的酒店文化非常不滿，認為太沒有氣質！因為以前酒店不是放音樂，而是現場演奏，所以大家都稱之為「聽鼓聲」，而不是「走店」。

我無緣經歷那個時代，卻有緣聽到阿郎的轉播。在我的想像中，可能類似金門王與李炳輝那首「流浪到淡水」的那卡西氣氛，但話雖如此，聽音樂本來就不是去酒店的核心，而是花酒。正常來說，八點多進到酒店後，五個哥們一起喝花酒至少要叫十個小姐，再加上其他倒酒的美眉，沒有十二、三個小姐圍繞是不可能的事。基本消費會開一兩瓶皇家禮炮，喝酒划拳談事情，夾雜在杯酒、香菸、髒話幹譙和嬉笑怒罵間，交換各種只能口耳相傳的重要資訊：道上兄弟們該去哪裡跟誰弄錢，誰的地位不穩，誰的野心很大，誰的小弟出事了，這次槍要從哪裏上岸，那個貪警有什麼弱點……

除了嘴巴很忙，手也沒閒著。摟摟抱抱，摸來摸去，看看有沒有喜歡的小姐。通常會待兩個小時，然後就再換另外一家店，繼續重複以上的活動。再待兩個小時左右，然後又換另外一家店，繼續重複以上活動。大約三家店之後，就可以決定找自己喜歡的小姐過夜性交易了，買完出場之後各自旅社飯店帶開，在朦朧的清晨天光之中結束了一天，在厚重的窗簾背後，阿郎一直過著不見天日的生活。

對於過去的「豐功偉業」，阿郎的態度是不懷念、不隱瞞，但也不隨便說出來。

---

27 台語，意指打扮帥氣、流行、引人注目。
28 勞力士18K金手錶價值不斐，錶身純金，錶面也鑲鑽如同滿天星，在八九〇年代是身分地位的象徵。
29 台語對名車BMW之暱稱，讀音類似「咪吟」。
30 台語，去酒店的意思。

對比於現在的生活，一個月拼死拼活流汗甚至住院，才賺三萬多塊，當時一個晚上就可以花掉二十幾萬，連眼睛都不眨一下。錢像是用灑的，給小姐的小費以「疊」作為計算單位。原本的兄弟們更積極招手希望阿郎假釋出獄後一起「打拼奮鬥」，而阿郎的身分又是要槍有槍、要錢有錢的等級，我其實想不通的是，阿郎到底為什麼能夠繼續堅持不要回到道上生活？

口才便捷、頭腦聰明的阿郎，講起話來往往滔滔不絕，有時台語速度快到我都聽不懂，而此時，他卻只給我非常簡單的兩句話：「八成是因為自己不想再混，剩下的二成，是因為阿爸阿母都死了。」我追著阿郎問，阿郎聲音突然低沉了下來，很慢很慢地陷入回憶：「阿爸當時覺得我是村裡最會唸書的小孩，每一次考試，隨便翻一翻就第一名，所以非常得意的把每張獎狀都貼在破爛的客廳牆上，一張又一張，滿滿的……」可惜，獎狀遮住了土角厝的裂紋，卻遮不住如雨水般滲透的誘惑，阿郎決定用最快的速度賺錢，所以國二就輟學開始走上不歸路。黑白分明的阿爸非常生氣，把牆上所有的獎狀全部撕下來、撕成碎片飄落一地，也讓阿郎跟家人的關係像滿地的碎獎狀一樣，再也沒有彌補的一天。

人到中年會開始思考自己的價值，以及活在這個世界上，對自己或他人的意義。

艾瑞克森曾提出「社會心理發展階段」的理論[31]，也可以簡單稱為「中年危機」。阿郎的人生應該可以說是逆轉中年危機，而且竟然願意從中年開始重新經歷年輕時沒有吃過的苦、沒有做過的工。但是我擔心，在經濟和生活上，阿郎其實是倒退嚕，恐怕很難繼續忍受這種艱苦，以及堪稱貧困的生活。但是阿郎繼續努力工作，魚攤的老闆對他非常肯定，他也存了一點資金，到菜市場另外擺了一個小魚攤。阿郎安然無恙地期滿，甚至寄了一張卡片祝我新年快樂。如今這張卡片早已褪色，卻還貼在我的辦公桌OA板上。

然後，又過了很久很久，阿郎在一個悶熱的中午打電話給我，瞬間驅散了我煩躁的心情。電話中聊了很久，他菜市場沒做了，魚攤有賺錢但是被倒了，去做工但是工作不是很順利；有到外縣市去接別的工作，又回來高雄繼續學做另外一種工。總而言之，就觀護人的立場，他沒有犯罪、他沒有走回頭路、他很努力的生活著，對我來說，他過得很好！

31 艾瑞克森（Eric H. Erickson）對社會心理發展階段的研究也稱為「人格發展論」，他將社會心理發展分為八大階段：嬰兒期、幼兒期、學齡前兒童期、學齡兒童期、青少年期（青春期）、成年早期、成年中期與成年晚期。在每個階段，我們都會面臨並克服新的挑戰，如果未能成功完成階段挑戰，則會在將來造成問題。

打電話或許還能矇著眼睛說謊，但是，見了面恐怕就不容易說謊話了，更何況是期滿六七年後，還願意到地檢署來看以前的觀護人！這樣的個案，阿郎不是唯一的一個，卻是非常令我驚喜的一個。阿郎回來看我，我忍不住強烈的喜悅告訴他，雖然現在爸爸媽媽已經過世，無法以你為榮，但是你的決心與毅力，老師以你為榮！講完之後我才想起來阿郎的年紀比我還要大，不知道這樣的鼓勵會不會顯得不倫不類？阿郎沒有回答什麼，只是微微的笑了。

然後，阿郎又說了一次當時我去他家訪視時他對我的叮嚀：「老師，一個人去訪視要注意安全蛤，不要隨便進去壞蛋的家裡面蛤。老師下雨天開車要開慢一點蛤，身體要顧，不要忙到中午接電話不休息不睡覺蛤……」聊完了天，阿郎不再是來報到的「受保護管束人」，我以貴客之禮陪著他走到地檢門口。我笑著揮手跟他道再見，阿郎也對著我微微彎腰，行了一個禮。雖然阿郎此刻穿著樸素的地攤貨，而非當年的名牌衣著，但在我眼中，他的一舉一動仍然像當年那般瀟灑瞎趴。

再見，阿郎！

阿郎，我們再見！

21 Boys to men

【犯罪類型－性侵害】

觀護人在接性侵害專股的時候，通常都會收到使用暴力或是恐嚇、下藥等種種可怕方式強姦被害人的案件，所以絕大多數的案情其實都很恐怖。但有一部分的案件，收到一件就會覺得好像「賺到一件」的感覺，這類案件我們統稱為「兩小無猜」[32]。

32 「兩小無猜」條款，刑法第二二七條之一：「十八歲以下之人犯前條之罪者，減輕或免除其刑。」指發生在「未成年情侶」之間兩情相悅而偷嚐禁果，為了處理這種情況，依據刑法第二二九條之一，未滿十八歲之人為第二二七條之罪者，須告訴乃論；刑法第二二七條之一規定，未滿十八歲之人為第二二七條之行為，減輕或免除其刑。這樣的規定，我們俗稱「兩小無猜條款」。

年輕的個案自己滿了十八歲，交了未滿十六歲的小女朋友，兩情相悅之下，小女朋友心甘情願地跟他做了愛做的事。這種狀況通常會獲得家屬的諒解或和解，法官也常判緩刑。這種案子的個案通常沒有太多前科，甚至沒有前科，共同特性是年紀輕、衝動，但個性都不是很惡劣。他們雖然輕浮但態度不壞，報到配合度也不錯，有好一段時間，我都覺得能收到這種個案是個涼缺，後來，我才知道自己錯得離譜，我的眼界簡直是航行在海上的鐵達尼號，只看見了海面上的冰山，沒看到水面下的嚴重程度。

小凱，就是犯下了「兩小無猜」這種案子，判了緩刑的個案。他報到都會來，不太惹麻煩，持續有正當的工作，雖然三天兩頭換工作，但至少還在合法的工作範圍。他一開始在餐廳當服務生，過一陣子在網咖當店員，再一陣子在工地當學徒。因為日頭底下工作實在是太熱了，他剃了個三分頭來報到時，我赫然發現小凱頭上有一道疤，不平整的傷口像蜈蚣一樣畫出怪異扭曲的線。雖然看起來已經是很久之前留下的，但血紅色凸起的肉瘤表面再也長不出頭髮，看起來怵目驚心。我表達關心，問小凱頭上的傷口怎麼來的？小凱毫不猶豫地回答我：那是國小的時候被打的，因為沒有縫，所以傷口才會這樣彎彎曲曲。

他伸手摸了摸傷口的位置，似乎非常熟悉手伸到什麼角度可以摸到傷口的什麼位置。我看了都覺得好像很痛，請高頭大馬的小凱把頭低下來一點，讓矮小的我可以看清全部的傷疤。小凱很順從地把頭低了下來，長長的疤痕從頭頂跨越髮旋向後延伸。在他的頭上，記載了我所不知道的過去。我預期這是一段滿是鼻涕和眼淚的故事，所以，我刻意把聲音放得溫柔一些，問小凱願不願意告訴我，這傷口是怎麼來的？

小凱完全沒有看我，兩眼發直盯著虛空中的某個點，聲音平板、不帶任何情緒的囈語：「小時候跟叔叔一起住，叔叔就不喜歡我，所以常常打我。大概是國小吧，有一次我不知道做錯了什麼事情，叔叔隨手抓起家裡的菸灰缸就往我頭上打，我跑回房間趕快把門鎖起來免得繼續挨打，後來覺得有點奇怪，臉上一直都有水，摸一摸才發現是血。

「我床鋪底下有一包那時候很便宜的白花衛生紙，我記得衛生紙凹凹凸凸的，摸起來很粗，但是血一直流下來，我又不能不擦，可是一直擦又一直流血、一直擦又一直流血。我身上開始散落很多小小的衛生紙屑屑，有紅的、有白的、也有粉紅色的，後來我只好用厚厚的一大把衛生紙壓住，慢慢地就不流血了。然後，整包衛生紙就用完了。沒有流血以後，慢慢就變成黑黑的和白色的屑屑……我就有點擔心一下把衛生紙用完，不知道會不會又被打，所以我也不敢告訴別人我流血這麼多，就一直沒有去醫院。因為傷口在頭上自己看不到，只好就用摸的，會痛的地方就是傷口。我就常常自己隨便亂塗紅藥水紫藥水在上面，傷口慢慢的好了……都沒有人發現。」

沒有眼淚，沒有鼻涕，甚至沒有任何表情，訴說著幼小的自己經歷過的血淋淋故事，我聽了都覺得難過。但是站在輔導者的立場，濫情或傷感不能解決問題，我忍住心酸的感覺，從理性和專業判斷小凱的這種說話方式，應該是長期家暴受虐兒已經學會了抽離自己的情緒，甚至在受傷害時解離[33]，這是幼小動物面對威脅最有效的保命方式。所以我換了另外一個方式問：「只有你才會挨打，別的小朋友不會嗎？是只有叔叔打你嗎？還是有別人也打你？除了這次打你，其他是什麼狀況下挨的打？」

盯著虛空的小凱仍然用平板的聲調回答：「其實也沒有固定打我，但如果我在家，就比較容易被打。我也不太知道為什麼我被打，通常就是叔叔突然拿起身邊隨便什麼東西，掃把、曬衣架、鍋子、鏟子、木棍、瓶子、什麼都可以打。有一次是在吃飯，叔叔用正在喝湯的湯瓢打下來，那個比較麻煩，因為制服上會沾到很多湯，味道一直洗不掉……但是，其實被打沒有什麼耶，痛一下就好了，習慣了就好。」

「已經被打成習慣了？」我皺著眉頭問小凱。

「對啊！這個沒什麼啦。有時候沒有被打，會被關在廁所裡。廁所很黑，一個人有一點可怕，所以那個時候一開始關廁所的時候，我會又哭又叫。有時候也會一整天沒有東西吃，但是大概最多也就是一天而已。肚子餓的時候也是很難過，喝很多水就好一點啦！但是這個都還好……。」

簡直是無比心酸的童年際遇，我聽了眼淚都快掉下來，小凱本人卻還是一樣的平靜，甚至可以說是淡然。才國小的孩子就受到了這樣的折磨，竟然還能長成一百八十公分的大憨漢，跟他的外表相比，身體上受到的折磨一點都不重要，他心裡烙印的傷痕才是最難復原的痛！

人類在受到偶發的攻擊或者天災時，常常會產生創傷後症候群（PTSD），個案在敘述案發過程時，也經常會重新經歷當時的創傷，變得僵硬、哽咽、痛哭甚至嚴重

---

33 「解離」在心理學和精神病學上是一種心理防衛機制，用以逃避壓力、創傷的自我保護機制。當人受到巨大的心理壓力和創傷時，從感官感受及周遭環境中抽離，以免情緒崩潰或是身心創傷。

到暈厥。但是，一而再、再而三反覆發生的創傷，反而會變成掩蓋在深層情緒之下的火山。面無表情敘述一切的小凱，把這些家暴行為當成理所當然，我簡直無法想像他到底受了多少折磨？而且還覺得被打、挨餓、長時間關廁所的處罰叫「還好」？

「那什麼狀況是覺得最最難過的呢？」我的聲音前所未有的柔緩，迴盪在這個約談室裡是從未出現過的慈愛，我眼前的小凱不再是二十出頭的高胖壯漢，而是一個八九歲、遍體鱗傷的小男孩。

「有一次叔叔說要帶大家出去玩，我就很高興，因為從來就沒有可以出去玩的機會。他就開車載大家一起去山上看風景，我也把窗戶搖下來，頭伸出去吹風很開心。後來叔叔跟大家講好要上車了，只有我不知道，他們就把門關起來，然後就開走了！一開始慢慢開，我在後面一直跑、一直追、一直跑、一直追，後來車開得很快，我追一追就跌倒了，趕快爬起來繼續追！那時候就一直哭、一直哭、一直哭，但我還是一直跑，跑了好久，他們才停下來。我上車的時候大家都在笑，笑我在哭，說男生哭什麼哭。叔叔笑得最大聲，說只是跟我玩而已，竟然哭成這樣……。」

小凱的聲音越來越哽咽，眼眶越來越紅，我彷彿看見追著車子死命奔跑的小男孩，短短的髮絲浸滿汗水黏結成條，臉頰掛滿了淚珠。小凱哭了，但他只掉了兩滴眼淚便打住了。他這回不再盯著虛空的點，看著我繼續說：「其實被打，沒有飯吃，我都沒有覺得很難過，我覺得最難過的是那一次被丟掉。長大一點之後，我一直很想知道一件事情，但是到現在我還是不知道……我不曉得為什麼爸爸媽媽離婚之後，爸爸要自己一個人跑去台北工作，把我丟給叔叔。雖然我跟阿公一起住，但是叔叔要賺錢養阿公還要養我，叔叔也不好過，我覺得叔叔不喜歡我應該是很正常的，我不覺得叔叔做錯了什麼。但是，為什麼爸爸跟媽媽都不要我呢？如果不想要我，為什麼要把我生下來呢？為什麼呢？」

通常在這個約談室，很少有我無法回答的問題，但是我沒有辦法回答小凱的問題！我甚至沒有辦法繼續追問任何問題。這些創傷的過往，一直以來似乎都沒有人願意傾聽，小凱本人也不在意，因為他很有效率地處理了自己的悲傷，把千絲萬縷的失落、痛苦和疑問全部纏成一個繭，塞進心裡的最角落。就像他當年床板底下的那包衛生紙一樣，直到我無意間問到小凱頭上的傷，觸發了小凱心裡的血，才流露出他真正的心情。我希望小凱能夠讓我轉介，或自己掛號去看精神科醫師或心理師或社區諮商尋求幫助，無論是什麼單位或什麼人都好，但是小凱毫不猶豫地拒絕了我，只簡單說了一句：「我不要。」

「為什麼不要，這個部分老師能夠幫助你的有限。你跟諮商師談一談，會對你比較有幫助啊！」

「老師你問我，我就講了，但是我沒有想要跟別人說。你不要叫我去了啦！以後等想說的話再說就好了。」

「可是……」

「好啦、好啦，老師我知道啦，下午我還要回去做工耶！」

小凱第一次這樣主動且半強迫式地堵住了我的話。我想，沒有關係，反正來日方長，緩刑附保護管束期間通常都三、五年，我再慢慢勸小凱去看醫生。

沒多久，小凱的前任小女友又提告了。因為判決時雖然和解，獲得緩刑，但是每個月應該要支付給對方的賠償金，小凱都沒有付。這是緩刑的法定重要條件之一，沒有付就會被撤銷緩刑。小凱似乎沒有太多的情緒反應，點點頭表示他知道了。接下來就被抓到幾次酒駕，怎麼也保不住小凱的緩刑。小凱仍然是那副平淡的表情，似乎不很在意，他問清楚服刑的狀況，就默默從我的約談室消失了。

此後，我再也沒有見過小凱，卻一而再再而三的遇見「小凱二號」、「小凱三號」、「小凱四號」、「小凱五號」……他們都是沒有爸爸在身邊、童年家庭創傷，兩小無猜的性侵案。我以為是我這一股的特殊狀況，於是請教了資深的同事，話還沒說完，前輩就點頭說：我這裡也有好多個啊！

為什麼？前輩歪著頭想了想，不太確定這是否是某種特殊現象，但是歸納起來，這似乎是種常見的典型。這個問題縈繞在我的腦海中揮之不去，請教別人、查資料都沒看出個所以然，而「小凱八號」、「小凱九號」還是持續不斷出現在我的約談室。

多年之後我讀到一本書[34]。美國研究發現，父親缺席的年輕人容易產生過度陽剛的補償行為，在欠缺角色模範的狀態下，因為不確定自己該用什麼方式才會像個男人，於是這些小男孩就用過度侵略性、甚至是性征服的方式，表現自己已經是個男人了。boys期望自己快快長大獨當一「man」，甚至比一般男孩更早成為父親，取代自

---

34 *Life Without Father: Compelling New Evidence That Fatherhood and Marriage Are Indispensable for the Good of Children and Society*, David Popenoe, Free Press（New York）,1966.

己從小到大缺席的父親角色，這可能就是為什麼小凱這麼早就交女友、發生性行為，而且期待跟女友組成家庭、脫離自己原生家庭的原因。因為小凱想靠自己的力量，重新演繹自己過去所沒有的「父親」這個角色。

二〇二〇年，美國哈佛史丹佛與華盛頓大學共同進行了一項大規模研究，發現家暴受虐兒會產生獨特的性早熟狀態，比一般兒童提早進入青春期。但是細胞也會加速老化，大腦皮層變薄，衝動控制變差，人際關係脆弱。換句話說，這些家暴受虐兒的大腦會為了回應自身所處的高壓環境而改變，擔心自己活不過明天，所以早一點進入性成熟，可以繁衍下一代，讓自己的基因不至於斷絕。這在短期的確有助於生物的生存，長期來說卻阻礙了像小凱這樣的孩子成長。他們的身體成熟了，心智卻還沒有長大。小凱明明就是個小男孩，卻假裝成大男人；他雖然是法律上的加害人，但其實是隱形的家暴受虐被害人，而家庭暴力就像電腦的刪除鍵，殘忍刪去了他理應享有的童年[35]。

這些小凱們「boys to men」，轉大人卻轉不過來；他們做了愛，心裏想像的是那首美聲代表作「I'll Make Love To You」[36]的世界，但現實卻像跳針般，歌詞反反覆覆只有一句我無法回答他們的問題：why, tell me why? tell me why……

35 本文並非指所有性侵害兩小無猜緩刑案都必然發生家暴事件，只表示個人執業經驗經常遇此狀況。

36 “*I'll Make Love to You*”為美國四個年輕學生組成的美國美聲合唱團體「Boyz II Men」在一九四四年發行的「II」專輯中的暢銷名曲。該專輯榮獲第三十七屆葛萊美獎最佳R&B專輯。

番外一　少年維特的煩惱

（一）我們有了寶寶該怎麼辦

德國大文豪歌德的代表作《少年維特的煩惱》，是個如詩如畫美麗的愛情悲劇故事。在歌德筆下，維特是一個受到啟蒙思想影響而覺醒的青年，他熱愛自然，他追求自由獨立的人格，蔑視等級制度和法律道德。我的個案與他們的家庭生活，也跟維特擁有一樣的煩惱，不一樣的是，他們多半是缺乏自我意識、也沒有覺醒的青年。他們熱愛戀情，他們追求自由獨立的戀曲，卻同樣蔑視等級制度和法律道德，所以演出更多的喜劇、悲劇和鬧劇。

年輕的他剛出獄，就交了一位女朋友。不知為什麼，個案交男女朋友都很容易，比起來，我身邊的單身苦主卻怎麼都找不到對象。明明這個個案有前科、沒工作、又不帥、也不高，還是有女生喜歡他，真是「愛著卡慘死」。他們的戀情發展得很順利，交往也一直持續。直到有天，個案突然苦著一張臉來報到，問了半天，他悶聲丟了一句話：「我女朋友……懷孕了。」

為什麼要苦瓜臉？「你不想要小孩嗎？」我想沒工作又還沒結婚的個案，應該不想給自己增加負擔。

「不是，我想要。」

「那，是女朋友想打掉嗎？」我想沒工作又還沒結婚的個案，一定無法讓女朋友有安全感生下孩子。

「不是，她也想生。」

「那，你爸爸媽媽反對？」我想沒工作又還沒結婚的個案，還先上車不補票，生小孩丟給爸媽養，應該會惹毛老一輩的。

「不是，他們都很高興有孫了。」

「那，她爸爸媽媽反對？」我想沒工作又還有前科的個案，把對方肚子搞大了才想提親，恐怕也太丟人現眼，說不定會被女方父母拿著掃把打出來。

「不是，她爸媽早就過世了。」

「那，是因為你沒工作沒辦法養小孩？」這時我已經開始抓頭了。我想沒工作又還有前科的個案，要找工作的確有困難，現實擺在眼前，生下來沒錢養也不行。

「不是，我女朋友有上班，她說她能養。」

「那……到底是為什麼煩惱？」我決定投降，再抓下去頭髮會掉光。

「因為，我女朋友的老公反對。」

（二）照顧我妹妹

他出監第一次報到就告訴我，他有女朋友。這其實不奇怪，很多個案都有痴心等候的女友或太太，等著他坐牢回來。不過，他們卻是在監獄裡認識的。

怎麼可能在監獄裡認識女朋友？我覺得個案是開我玩笑，不禁質疑他的說法。個案對此竊笑不已，然後彷彿用天大秘密的語氣說：「老師，我告訴你，但是你不能說喔！」

「嗯，這有困難，因為有違法事件的話要往上報。而且我要寫成觀護約談報告，所以你要考慮清楚，再決定要不要告訴我。」

「喔……嗯……我還是告訴老師，反正老師也不認識她。」

我心驚肉跳，該不會又是個有老公的女友吧？萬一被告妨害家庭，恐怕會讓個案被撤銷假釋。

「等一下！等一下！你的女朋友是不是有結婚？還是她未滿十六歲？妨害性自主

罪的話，問題很嚴重啊！」

「呵呵，老師不要緊張啦！她沒有老公啦，而且已經快三十歲了，沒問題啦！」

「那你在神秘兮兮個什麼勁兒啊？」

「因為，我們是在探監的時候認識的。她來看她哥哥，我又跟她哥哥同舍房。每次會面，我都會剛好隔著透明板看見她。我問她哥哥，他就介紹我們認識了。然後，因為我比較早假釋，所以她哥哥就拜託我，出來之後幫他好好照顧妹妹，所以我出監之後就去找她。不過，一照顧就照顧到床上去了，這話哪敢告訴她哥哥嘛！」

（三）表哥

我通常都會先了解一下個案的家庭成員有哪些：有沒有離婚，有沒有住在一起，跟誰的關係比較密切，有時候也會畫成家系圖。不過常常會遇到爸爸媽媽已經離婚，各自再婚的狀況，這時候，我們就會問清楚個案跟哪邊的半血緣[37]家庭住在一起，跟半血緣的兄弟姐妹相處得如何。最重要的是，他們跟同住爸爸或媽媽的新配偶相處得如何，常常從稱呼就可以看出端倪。

「爸爸媽媽在你小學時候就離婚了。你跟媽媽一起住，媽媽有再婚嗎？」

「有啊！」

「那你是稱呼新爸爸是叫叔叔，還是叫爸爸？」

「表哥啊！」

「不是問你有沒有跟其他人一起住，那個等一下再說。我是問你跟新爸爸啦！你都怎麼叫新爸爸？」

「就真的叫表哥啊！」

「不是不是，不要雞同鴨講。我是問跟你媽媽結婚的那個人！」

37 「半血緣」指的是同父異母或同母異父之兄弟姊妹。

「對啊，那個人就是我的表哥啊！爸爸現在也跟我一起住啊！」

「所以你媽媽的前夫、也就是你爸爸，現在跟你一起住。然後你媽媽的現在丈夫就是你的表哥，也跟你一起住？」

「對啊，就都住在一起這樣！老師，這樣沒有很奇怪啦！」

（四）吃喜酒

「老師啊，我今天要早一點走，因為我要帶女朋友跟小孩去吃喜酒。」

「好啊，那我趕快，早一點放你回去。你要去吃誰的喜酒？」

「我前妻的喜酒啊！」

「前妻嫁人你是想去婚宴鬧場的嗎？不可以這麼沒肚量！」

「老師啊，怎麼把人家想這麼壞心啦。我前妻請我去的啦！還有請我女朋友跟小孩咧！」

「呃……前妻結婚，前夫為什麼會被邀請去吃喜酒，還帶著女朋友跟小孩，不會很尷尬嗎？」

「當然不會啊，我們的小孩、跟我女朋友跟她前夫的小孩，還有我跟女朋友的小孩，都很期待去吃她媽媽的喜酒耶！」

番外二　關於訪視的二三事

（一）老師可不是呷菜A

提到高雄的農產品，我一直感到與有榮焉，芭樂、鳳梨、香蕉等，都是遠近馳名的水果。芭樂的產地其實不只燕巢鄉，田寮、美濃及橋頭都有非常美味的芭樂，因為芭樂樹生長比較快速，四季都可以採收，收入相對穩定，所以在中年轉業的受保護管束人會選擇種芭樂，可以說非常合情合理。

他犯下貪污治罪條例的案件，訴訟過程又長又久，等到入獄服刑都已經年過半百，假釋後頭髮也花白。他回不了原本的白領工作，想找別的工作又問題重重，於是找了家鄉的父老鄉親介紹得獎的芭樂農友，學習種植芭樂。芭樂師父教得很認真，他也學得很認真，但是畢竟隔行如隔山，年紀大了記性也不好，常常學了這個忘了那個，因此芭樂長得不夠美味，價錢輸人一大截。不過，他並沒有因此心灰意冷，反而越挫越勇，這實在值得肯定。

踩進芭樂園裡，地面上都是沙沙沙的枯葉，空氣中浮現淡淡的芭樂香，半大不小的果實每個都包覆著套袋。傳統農法下看不到很多蟲，似乎也沒有明顯的病蟲害，鳥叫蟲鳴時近時遠，似乎也沒有使用過量農藥導致「寂靜的春天」[38]。我看不出來他的芭樂園到底有什麼田間管理欠缺的地方，但是綠油油的一整片，實在令人心曠神怡。

遠遠地有個人走了過來，頭戴斗笠包著防曬布，滿頭大汗的他剛忙著替芭樂修剪枝條矮化，便招呼我先在門口簡陋的藤椅上坐下休息。我忍不住問：「你的芭樂師父

38 《寂靜的春天》（*Silent Spring*）為美國自然作家瑞秋．卡森（Rachel Carson）於一九六二年的著作。本書促使大眾關注農藥與環境污染，開啟一連串減少過度使用農藥的運動，而後立法禁用DDT。

有說田裡什麼地方做不好嗎？看起來好像都長得欣欣向榮啊！」

他把斗笠拿下來，一手搧著充滿汗水味的微風，一手用掛在脖子上的毛巾擦汗：「老師啊你看到那個綠綠的都沒有用啦！芭樂要長得好，要靠土地裡面的營養，那個有三個什麼蛋怎麼甲，師父說那個不夠，發了果喔就會長不好。到底是蛋還是甲還是什麼但什麼假……糟糕我忘記了耶……」

「氮、磷、鉀。」我脫口而出，不知為何福至心靈想起了這三大元素。

「嚇！老師你為什麼會知道？」他出現驚慌失措的表情，就差沒有從椅子上跌下來。

「你當老師是呷菜A[39]嗎？什麼都不知道哦？」我忍不住偷笑。

「不是不是，老師，我沒有這個意思，老師不是呷菜A，老師金厲害！啊不是，我是說，地檢署的老師你要繼續做厚？沒有要來種芭樂吧？呃，不要來搶我飯碗喔……」

我用力憋住滿肚子的笑，搖搖頭，想要趕快離開。結果，他站在我車門前又問了我一次：「老師，你真沒有要改途種芭樂喔？」

我忍不住哈哈大笑：「老師只會吃芭樂，沒本事種芭樂啦！」

（二）六月雪

地檢署的報到會規定一些一般人認為是常識，但是受保護管束人常常做不到的社會生活禮儀。比方說，報到要準時，不要穿拖鞋或赤腳來之類的規定，甚至曾經有個受保護管束人，被我再三要求不可以只穿內衣或內褲就來報到。

但總有些傢伙，每次都超過規定的時間報到，每次來報到的時候都穿著拖鞋，而且全身上下散發的氣味簡直是凌遲著我異於常人敏感的狗鼻子。剛開始，我還很有耐心提醒他報到的時間，同時勸導盡量不要穿拖鞋，規定都寫得清清楚楚。他很誠懇的道歉：「老蘇啊，歹勢歹勢，啊我就來不及啦……」一次來不及，兩次來不及，三次

39 台語俗諺，意思是讓人隨意看輕的無知之人，也能解釋成好欺負的軟弱之人。

來不及，幾乎每次都來不及。而且，每一次他身上都充滿了奇怪的臭味。我實在是受不了，面有慍色地直接訓他：為什麼每一次都不遵守規定？

「老蘇，歹勢啦歹勢，我要放鴨子，然後要收鴨子，然後，誒……然後還要放料，放完之後，我要看剩多少。啊，今天有進鴨子，還要開瓦斯，所以雨鞋脫掉就趕快來了，啊就已經來不及了。啊老蘇歹勢，下次不會啦下次不會！」

「你每次都跟我說下次不會，結果每次都會遲到。而且你現在講的什麼鴨子、瓦斯，到底是什麼？老師聽不懂！」

「啊就一池一池的菜鴨啊！」

「越講我越聽不懂。你的養鴨場在什麼地方？地址給我，下次我自己去看。」

「啊老蘇啊，我們沒有地址耶……」

「什麼沒有地址！怎麼可能沒有地址？你！到底有沒有養鴨場？是不是騙老師的！」

「老蘇，我真的真的在鴨場啦，可是我們真的沒有地址，只有一個電火條仔[40]！老蘇你相信我，有看到電火條仔就一定有看到我的場啦。不然你到附近巷口，你打電話給我，我去帶你。」

衝著他指天誓地的模樣，就差沒有到廟裡斬雞頭發誓，我按照他所說的地方，開車來到電線桿附近，打電話給他。沒多久，就看見他穿著雨鞋雨褲，滾圓的肚子卡在機車龍頭，大張個八字腳，搖搖晃晃騎著摩托車從田埂般的小路晃過來了。

既然是老師來了，為了表示尊重，他頭往左邊一撇，咻一下吐掉嘴裡的檳榔，那坨綠黑紅三色炸彈落在冬日龜裂的淺褐泥土上，連著一條拋物線的血紅，炸得滿地都是檳榔碎。他堆擠起整張臉的皺紋笑開了，送給我一個熱情無比又紅又黑而且牙縫裡塞滿滿都是檳榔殘渣的微笑，招招手叫我跟車。

我回笑得非常勉強，不是因為檳榔炸彈，這我已經看習慣了，而是因為我心裡非常擔憂，這麼窄的路，車子過得去嗎？個案拍胸脯保證絕對沒問題，我硬著頭皮跟車

40 台語電線桿的意思。

簡直心驚膽跳，這麼窄的路，我開著車子感覺就要掉進田裡去。他時不時回頭看看我有沒有跟上來，一回頭，他的車身也跟著搖過來晃過去，我也替他心驚膽跳，感覺下一秒他就會掉進田裡去。不知道是他或我哪個會先掉進田裡去？還是兩個都一起掉進田裡去……

幸好，沒多久他就在一片雪花飛舞中停下了摩托車，舉目四望是一大片、非常大一片的人工池塘。他揮了揮手示意我隨便停車。為了掩飾剛剛的驚慌，我刻意十分帥氣的迅速解開安全帶，打開車門，踏出我心愛的皮短靴，顯示出女騎士的大無畏精神。但不知為何腳底覺得怪怪的，踩起來沒有什麼真實感，一低頭才發現，我心愛的皮短靴陷在一坨咖啡色、白色、草綠色、黑色混合在一起、但完全不知道是什麼的噁心糊狀物中！

如果這時候有漫畫的對話框在我腦袋旁浮現，一定是許多「＃＄％︿＊＆＃＄」，但我現在忙的卻不是哀嚎心愛皮靴的命運，而是拼老命的連連打噴嚏，因為一下車，滿天雪花一瞬間全都塞進了我的鼻孔。那些看起來美麗浪漫的雪花，都是細細的鴨毛，鴨子的羽絨又多又細小，滿天飛舞，一大群鴨子就能打造一場六月雪！我想竇娥就算沒有冤屈，也是眼淚鼻涕咳嗽一起來吧！他非常好心的沒有恥笑老師「都市俗」，只微笑著說：「慣習丟厚啦！」

我已經心死放棄靴子的命運，高一腳低一腳踩進我不想知道內容物的軟糊糊養鴨場，一一詢問各種各樣我從來沒有看過的設備。他愉快而詳細地回答我，替我介紹看不出來有哪裡不一樣的白羽毛黃嘴巴鴨子群，而且很明確的告訴我，這一區是出生幾個月、那一區是出生幾個月、最近要出貨的是哪一區，什麼時間要把鴨子趕出來水塘裡，什麼時間又要把鴨子關進舍房裡。

最後，他帶我進入鐵皮屋。我先是聞到一種米糠跟飼料的臭味，接著聽見細細碎碎許許多多啁啾的鳴聲……迎面而來居然是一大群擠在一起、可愛到爆表的黃色小鴨！全身毛茸茸的亮黃色，配上滾圓圓黑得發亮的眼睛，這一團團小毛球兒，有時嘴巴這裡夾雜著一點咖啡色的斑紋，有時迷你翅膀下夾雜著一點黑色的圖案，牠們在瓦斯燈下擠過來擠過去取暖，被擠到外面的小鴨子則奮力揮動小翅膀想推開前面的小鴨子。你擠我、我擠你，毛球小鴨屁股搖來搖去~搖來搖去~雖然實在很臭，但這畫面怎麼看都不膩。

此時，形象嚴肅的老師已經嘴角失守，忍不住開始傻笑……不過，對比於專業人士，可就不一樣了。他穿著塑膠雨鞋，就像格列佛巨人進到小人國一樣，大步跨進小鴨子群當中，看起來粗魯，但卻一隻小鴨子也沒踩扁。他彎腰揮手把鴨民驅散，看我一臉疑惑，便跟我解釋因為幼鴨怕冷全部擠在一起，有時會造成堆積，壓在下面的小鴨好不容易擠到了溫暖的正位，反而會被其他小鴨壓傷或窒息，所以要常常將牠們趕開，順便鍛鍊牠們的身體，不能太寵。

雖然我的愛靴已經報銷，但整體來說，我覺得這算是很愉快的一次訪視經驗。我確定個案沒有騙我，看到了可愛的小鴨，學會了我一輩子也不會接觸到、但寫完訪視報告就忘記了的養鴨知識。當我正準備上車，他一臉理所當然的拿出麻袋跟繩子說：「老蘇啊，抓兩隻回去吧！這一池的正肥，嘟嘟好！」我忍不住笑著拒絕：「我不能接受賄賂啦！」

他更加理所當然的反駁：「自己養的怎麼會算是賄賂啦！」我迅速鑽進車裡，打開車窗大聲對他喊叫：「老師不會殺啦！你抓給我，我也沒有辦法吃啊！」他在車子後面揮舞著麻袋：「啊，老蘇我幫你殺好，你再帶回去啦！」我忍不住哈哈大笑，把手伸出車窗對他揮揮手，算是婉拒兼再見，油門加速，飛也似地逃走了。

那天，我決定晚餐要吃高雄名產鴨肉飯，我多點了一盤煙燻鴨腿切盤，這樣應該可以增加他的銷貨量吧，我想。

呱呱。

（三）養豬牛場

可能是早期高雄空間比較足夠，農林畜牧業其實還不少。他繼承家業的牧場不奇怪，但是養的動物就很奇怪，有豬、有馬、還有牛，時不時還有幾隻雞可以自己宰來吃。正常來說都是單一種類的家畜飼養，哪有人把各種各樣的家畜都養在一起？吃的不一樣，環境也不同。因此約談時，我就抱持懷疑的態度。他的態度也很冷淡，好像非我族類，不同世界的生物一樣，完全不在乎我是否相信他，直到我踏進了他的畜場。

又黑又臭又髒又吵，而且感覺很可怕——這是當我聽見一大群不知道是什麼動物此起彼落吼叫時的真實感受。我站在門口大喊他的名字，只聽到動物的叫聲，卻沒有人回應。等了半晌，有個人推著飼料空桶的手推車，從黑暗的最底層慢慢伴隨著咔啦咔啦咔啦聲走近。他穿著雨鞋和連身的背帶雨褲，笑得非常燦爛：「怪不得我就聽豬叫說有陌生人來了，果然是真的！」

對豬來說，的確是陌生人的我忍不住也笑了。我請他解釋為什麼豬會叫說有陌生人來了？他說，豬有各種各樣不同的叫聲，聽久就知道，所以閒著沒事他絕對不會到豬圈亂晃，因為平常餵豬的是他，所以豬只要看到他就會想要找吃的。如果沒有餵豬，豬就會一直吵一直鬧一直尖叫，煩都煩死了！要不就是吵著要洗澡。豬其實是一種很愛乾淨的動物，如果不清潔豬圈，豬的叫聲就會變成像抱怨一樣，要求很多的！所以，該做的事情做完，就要趕快閃人。

原來我剛剛聽到的恐怖叫聲，就是豬在迎賓啊！但是不管我怎麼聽，都聽不出來豬的叫聲到底有什麼不一樣。聽他這麼一說，讓我忍不住非常想參觀，我請他帶我繞一圈。他臉上掛著懷疑的笑容：「老師，裡面很吵又很臭喔！你沒有穿雨鞋，這樣可以嗎？」我非常坦白的告訴他，沒問題！我有經驗，所以這次我穿了原本準備要丟掉的爛布鞋來！他哈哈大笑，完全不理會我的拒絕，抓出一雙相對來說稍微乾淨一點的雨鞋，強迫我套在腳上，才肯開始帶我導覽。

大黑豬的豬圈看起來的確有點讓人害怕，成年黑豬高度超過我的腰，體長比我還長，體重就更不用說是幾倍了，牠們撞擊欄杆的力道實在是讓人驚嚇不已。這部分雖然是畜牧場的主力，但我還是盡快pass好了。轉個彎是正在哺乳的母豬，豬一胎生了十幾二十隻小豬，小豬仔們擠在媽媽的肚子邊吃奶，豬媽媽一臉無奈，躺著喘粗氣，連動都不想動，任由一群豬仔用力咬著媽媽的奶頭吃著奶，還用腳一直踩媽媽。

幾隻好奇的小豬看到我，往我這邊抬起粉紅色的鼻子站了起來，肉色的小蹄子像穿著高跟鞋一樣叮叮噹噹咚咚蹦跳著靠近了我。看起來軟QQ的鼻子一抽一抽，抓緊空氣當中我的氣味分子，大著膽子往前靠近了一點，又小小害怕往後退了一點。直到我可以看清豬仔頭上稀稀疏疏的白色小短毛隨著牠的動作輕輕的搖來搖去，一蹬一蹬就像跳芭蕾舞一樣，真是可愛極了！我忍不住脫口而出小豬真的很可愛，不料專業人士露出了跟母豬一樣無奈的表情：「很麻煩啊！不小心就會被母豬壓死。那些沒壓到的，在養的過程中還常常互相咬尾巴就感染，動不動就生病。要把仔豬養大還要吃豬藥，成本很兇的！」

再往前走就安靜許多，四五條黃牛擠在一起慢條斯理地啃乾草。母牛身旁緊緊的跟著一隻小牛，從最遠的角落偷偷打量我，其他的大牛都有著長長的睫毛，睜著又圓又大的眼睛，轉過來盯著我看，嘴裡一邊嚼啊嚼，嚼啊嚼啊嚼，嚼啊嚼嚼嚼，尾巴不時用力左右拍打，因為有一大堆的牛蠅馬蠅忙著飛來飛去。

牛隻們都跟我保持距離，但是看見他的時候，竟然主動靠過去，有的一邊伸出長長的舌頭舔自己的左右邊鼻孔，有的把整個腦袋高高伸出欄舍，然後再低下脖子，把整個大牛頭伸到他的面前。他溫柔的拍拍牛們的脖子、撫摸牛們鼻孔上方的位置，對著他們低喃：「牛啊牛……牛啊牛、牛啊牛……」

我忍不住問他，他們好像都認識主人？他一面笑著摸牛一面回我：「牛很聰明，牠們都認得我。」我自以為是的亂問問題：「那你怎麼沒幫牠們取名字？」他苦澀的笑了：「最後還是要賣掉的啊！我把牛牽到車上去的時候，牠們有時候還會哭。所以我希望小牛趕快長大，這樣我才能夠賺到錢，但又希望牠長得慢一點，不要這麼早上牛車啊……」

我的工作需要高度的同理心，我很少覺得自己沒有做到這件事，但今天，我覺得會講人話的自己，比大吼大叫的豬和安安靜靜吃草的牛都蠢笨！我對我的個案問了沒有同理心的問題，輕忽了牧場主人在照顧自己親手養大的家禽家畜時，是抱著何等複雜的心情。牠們要快快吃、快快長、頭好壯壯，才能賣個好價錢，讓主人繼續買新的家禽家畜維持牧場的運作，但是當牠們長到可以出貨的大小，就是牠們犧牲自己生命，被宰掉做成別人盤中美味的時候。

豬很可愛，牛也很可愛，為我們犧牲生命的牠們值得尊敬，選擇照顧這些生命的個案更值得尊敬。為了讓這個合法而有必要的工作持續有收入，今天的晚餐我心懷敬意，虔誠的把美味的燒肉飯和牛肉麵都吃完了。

ごちそうさまでした！多謝款待。

謝辭

十餘年的觀護人生涯，一直受到顏老、江總的無限關心與愛護。報到第一年就認識高主任，是我感念在心的福份，後來認識橋老闆對我至為照顧，如果沒有長者們的庇蔭，我根本就走不到今天。

在跨領域的學習上，寬厚溫暖的黃醫師在最關鍵的時刻，總能發揮神力助我一臂之力。潘法醫、蘇心理師給我精闢的專業建議和無私的指導，真心感謝。竹取物語公主一心想幫我結彩帶雖沒成功，由衷感動這份情誼。

個性超仔細的好友阿利，一根直腸子通到底的摯友大哥，好心腸但心臟壞掉的老

ㄟ，笑起來眼睛總是流淚的彎彎媽，佛法得道的寫莉，聰敏博愛的親家，因為壞事卻與我結了好緣的黃兄，陪伴我度過許許多多歡樂和痛苦的工作時光。

一路走來遇到許多不受教的受保護管束人，甚至對我的人身安全造成危險。所幸高雄市許多派出所、分局的阿sir們都曾為我挺身而出，抱歉無法一一寫出各位的名字，但我始終感謝在心。合作最久的婦幼隊梁小隊長是我信任的好戰友，讓不安的我永遠能放心把背後交給他。

有些受保護管束人會商請志工老師的協助，他們的年紀通常較長，是受保護管束人，也是我人生的前輩。李前輩、蘇前輩、林柳伉儷、張姐等等許多位人生前輩，謝謝你們願意為邊緣人付出寶貴的時間。

能夠成書，要謝謝我的編緝嘉琪誠實的意見與專業。感謝媒人子櫻、震宇鼎力相助。秘書兔是我最重要的左右手。我必須對漫遊者出版社的勇氣致敬，願意出版由一個沒知名度的人所寫的一本沒聽過的工作的書。我該感謝的人實在太多，有限篇幅不能一一說明，只能再說一次，謝謝大家！

我是你的觀護人

作　　者　唐珮玲
封面設計　朱疋
內頁排版　高巧怡
行銷企劃　蕭浩仰、江紫涓
行銷統籌　駱漢琦
業務發行　邱紹溢
營運顧問　郭其彬
責任編輯　李嘉琪
總 編 輯　李亞南
出　　版　漫遊者文化事業股份有限公司
地　　址　台北市103大同區重慶北路二段88號2樓之6
電　　話　(02) 2715-2022
傳　　真　(02) 2715-2021
服務信箱　service@azothbooks.com
網路書店　www.azothbooks.com
臉　　書　www.facebook.com/azothbooks.read
發　　行　大雁出版基地
地　　址　新北市231新店區北新路三段207-3號5樓
電　　話　(02) 8913-1005
傳　　真　(02) 8913-1056
初版一刷　2022年2月
初版五刷(1)　2024年6月
定　　價　台幣360元

ISBN　978-986-489-5830

國家圖書館出版品預行編目（CIP）資料

我是你的觀護人 / 唐珮玲著. -- 初版. -- 臺北市 : 漫遊者文化事業股份有限公司出版 : 大雁文化事業股份有限公司發行, 2022.02
面；　公分
ISBN 978-986-489-583-0(平裝)
1.CST: 觀護制度 2.CST: 更生保護 3.CST: 通俗作品
589.88　　110021828